Klaus Bartels

Trüffelschweine im Kartoffelacker

KULTURGESCHICHTE DER ANTIKEN WELT

BAND 100

VERLAG PHILIPP VON ZABERN · MAINZ AM RHEIN

Klaus Bartels

Trüffelschweine im Kartoffelacker

77 neue Wortgeschichten

PHVZ

VERLAG PHILIPP VON ZABERN · MAINZ AM RHEIN

176 Seiten

Bibliographische Information der Deutschen Bibliothek

Die Deutsche Bibliothek verzeichnet diese
Publikation in der Deutschen Nationalbibliographie; detaillierte bibliographische
Daten sind im Internet über <*http://dnb.ddb.de*> abrufbar

ISBN 3-8053-3262-9
Gestaltung: Lothar Bache, Verlag Philipp von Zabern, Mainz

Printed in Germany by Philipp von Zabern
Printed on fade resistant and archival quality paper (PH 7 neutral) · tcf

Für

Andreas

Inhalt

Zu der neuen Sammlung

Seit mehr als zwanzig Jahren, seit 1982, erscheint die etymologische Rubrik „Auf deutsch“ in loser, steter Folge in der „Stuttgarter Zeitung“, anfangs auf der aktuellen „Seite Drei“, seit 1993 im Feuilleton. Mehr als vier Hundertschaften wortgeschichtlicher Kolumnen sind seither unter dieser Rubrik erschienen, ein guter Teil davon inzwischen auch über den Tag und den Leserkreis der Zeitung hinaus in Sammelbänden mit jeweils 77 solchen Wortgeschichten in alphabetischer Folge.

Das hier unter dem Titel-Stichwort von „Trüffel“ und „Kartoffel“ vorgelegte Alphabet von A wie „Agenda und Road Map“ bis Z wie „Zukunft“ ist das vierte in der Reihe. Voraufgegangen sind 1996 ein erster Band unter dem Titel „Wie Berenike auf die Vernissage kam“ bei der Wissenschaftlichen Buchgesellschaft, 1998 ein zweiter unter dem Stichwort von „Steuermann“ und „Cyberspace“ und 2001, nun im Mainzer Verlagshaus Philipp von Zabern, ein dritter unter dem Titel „Wie die Murmeltiere murmeln lernten“. Die nach zwei Auflagen vergriffene „Berenike“ wird nächstens – *Nomen est omen!* – zu einer Neuausgabe bei Philipp von Zabern nochmals auf die Vernissage kommen können. Eine Übersicht über die in diesen drei Sammelbänden enthaltenen dreimal 77 Wortgeschichten ist am Schluss des Bandes gegeben.

Zum vierten Mal und nun erst recht hat der Autor an dieser Stelle vielfach zu danken, dies zugleich im Namen der siebenundsiebzig Wörter, die hier mit ihrer Lebensgeschichte und ihren Lebensschicksalen zu Worte kommen. Der Dank geht zunächst wieder an die Redaktion der „Stuttgarter Zeitung“, namentlich ihren Feuilletonchef Tim Schleider, für das grosszügige Gastrecht, das diese Rubrik „Auf deutsch“ in den Spalten der Zeitung nun schon so viele Jahre lang geniesst; der Dank geht zugleich an den gerade zweihundertjährigen Verlag Philipp von Zabern in Mainz am Rhein, an seine Leiterin Dr. phil. Annette Nünnerich-Asmus, die zu der 77köpfigen Murmeltierkolonie nun noch diese 77köpfige Trüffelschweingesellschaft unter das Dach des ehrwürdigen Verlagshauses aufgenommen hat, und an seinen Buchgestalter Lothar Bache; und der Dank geht schliesslich, nicht zuletzt, an die treue Leserschaft der Zeitungskolumne und dann auch dieser Sammelbände für ihr allzeit anregendes und ermunterndes, mit dem alten Wort: „motivierendes" Echo; dazu ist unter dem Stichwort „Motivation" auf S. 101f. das Gehörige nachzulesen.

Diese vierte, jüngste Wortgeschichtensammlung ist quer über die Fakultäten hinweg unserem jüngsten Sohn Andreas gewidmet, dem Hirnforscher zum Exempel, dass die Wörter und Bilder unserer Sprache geradeso wie die Neuronen und Synapsen unserer „Gedankenfabrik" jenem klassischen „Weber-Meisterstück" gleichen, „wo *ein* Tritt tausend Fäden regt, die Schifflein herüber hinüber schiessen, die Fäden ungesehen fliessen, *ein* Schlag tausend Verbindungen schlägt …"

Kilchberg am Zürichsee,
den 4. April 2003

Klaus Bartels

Wörterfährten

Was hat eine Armbrust („Swiss made“) mit Tells Arm und Heldenbrust zu schaffen? Und was Fausts Osterspaziergang mit einem Debakel, eine Brezel mit einer Bratsche, die magere Diät mit den fetten Diäten, ein Restaurant mit einer Wiederaufbereitungsanlage, eine grüne Parkbank mit einem grauen Parkplatz, eine Türangel mit einem Kardinalshut, eine tolle oder verrückte Idee mit einer Idee Salz? Wie ist der Attentäter zu seiner Tat gekommen, und wie ist aus dem guten alten Quentchen ein Quäntchen mit Pünktchen geworden?

Wörterfährten durch die Sprachen, durch die Zeiten führen oft verwunderlich in die Kreuz und Quere, von einer Lebenssphäre in die andere, die Himmelssphären hinauf und wieder herunter. Nehmen wir die „Idee“: In den siebziger Jahren des 5. Jahrhunderts v. Chr. tritt das Wort in Gestalt der griechischen *idéa*, eines jungen Sprosses aus dem alten Stamm *(w)id-*, „sehen“, in das Licht der Wortgeschichte ein; in seiner 10. Olympischen Ode nennt Pindar den jungen Hagesidamos, den Sieger im Faustkampf der Knaben von 476 v. Chr., *„idéai kalós“*, „in seiner Erscheinung schön“. Ein Jahrhundert später schwingt sich ebendiese *idéa* in der Platonischen „Idee des Kreises“ und vollends der „Idee des Guten“ von dieser vergänglichen Knabenschönheit in die höchsten Ränge des ungeworden, unvergänglich Seienden auf. In der „Freiheitsidee“ und der „Gleichheitsidee“ der Revolutionszeit, in der „Olympischen Idee“ oder der „europäischen Idee“ der Gegenwart spiegelt sich noch der alte Glanz des Wortes. Mittlerweile sprechen wir ganz alltäglich, ohne an irgendeinen alten Griechen oder gar an Platons „Staat“ zu denken, von einer guten oder schlechten Idee und zuletzt von der Mini-„Idee“, um die eine Suppe zu stark oder zu schwach gesalzen, ein Rock zu lang oder eine Hose zu kurz geraten ist. Welcher Aufstieg und welcher Absturz, und doch: wahrscheinlich ist noch nie geläufiger von einer „Idee“ in diesem oder jenem Sinne die Rede gewesen als eben jetzt.

Die Fährten einer vieltausendfachen Wörterwanderung führen aus dem Griechischen und dem Lateinischen – und vielfach aus dem Griechischen über das Lateinische – in die neue Zeit und in die neuen Sprachen herüber. Sie bezeugen zu ihrem Teil und auf ihre Art die unverwüstliche Überlebenskraft und die unwahrscheinliche Allgegenwart dieser „Alten“, sogenannten „toten“ Sprachen in unserem modernen Euro-Wortschatz, und dies nicht nur in den romanischen Tochtersprachen des klassischen Latein, sondern geradeso im Englischen und im Deutschen. Im Gefolge des Normanneneinfalls von 1066 ist das Englische, von Hause aus ja eine germanische Sprache, unter dem mächtigen Einfluss, buchstäblich dem „Einfluss“ und Einschuss des – französischen – Normannischen zu einer Art Adoptivtochter des Lateinischen geworden, und bei Lichte besehen ist das fachwissenschaftliche terminologische Englisch, das in jüngster Zeit zur allgemein gebräuchlichen Weltsprache der Wissenschaft geworden ist, ja eher eine Art Anglogriechisch und Anglolatein mit einem leicht verfremdenden Oxford- oder Houston-Akzent.

In den 77 hier gesammelten Wortgeschichten geht es vornehmlich um solche Wörterfährten, die aus den beiden Alten Sprachen in die geläufige deutsche Alltagssprache führen, auf der einen Seite um die vielerlei ja ganz und gar nicht fremden sogenannten Fremdwörter, die wie jene „Idee“ zum ureigenen gemeinsamen Euro-Wortschatz der neuen Sprachen gehören, auf der anderen Seite um die kaum überschätzbare Zahl der vollends eingedeutschten Wörter, in denen diese Alten, „toten“ Sprachen sozusagen inkognito bei uns fortleben. Wer erkennt in einer verschlungenen „Brezel“ noch die breiten Schultern und die untergeschlagenen Arme, lateinisch *bracchia*, wer denkt bei einer guten oder schlechten „Laune“ noch an die wechselnden Phasen der guten alten Luna? Wer solchen Fährten nachspürt, findet leicht – *experto credite!* – hunderterlei, und wer da fortfahren wollte, wohl auch tausenderlei individuelle, fast möchte man sagen „persönliche“ Wörterlebensläufe. Bei allem Typischen in der Veränderung der Lautgestalten und Bedeutungen, das im Einzelnen auch begegnet, ist aufs Ganze gesehen doch kein Wörterlebenslauf wie der andere, keine weitverzweigte, über die Sprach- und Ländergrenzen hinweg ausgedehnte Wörterfamilie wie die andere.

Da gibt es Schläfer wie das „Paradigma", das ein Jahrtausend lang einen tiefen Dornröschen- oder vielmehr Wörterbuchschlaf geschlafen hat, bis neuerdings ein Paradigmenwechsel den anderen jagt; da mausert sich der beschauliche Sonntagsspaziergang im Sonntagsanzug zum Weltraumspaziergang im Raumanzug; da verklären sich die persischen *parádeisoi*, die umzäunten Tiergärten, in denen der persische Adel mit Jagdspeer, Pfeil und Bogen seiner Jagdlust frönte, zu dem biblischen Paradies, in dem Löwe und Hirsch, Wolf und Lamm friedlich beieinander lagern, und schliesslich noch zum Paradies der Seligen; da gibt die Kapitolinische Juno mit dem Beinamen Moneta, die „Mahnerin", der römischen Münzprägestätte in ihrem Tempel und bis heute jeder klingenden Euro-Münze den Namen; da füllen sich die alten Schläuche der *tolerantia*, ursprünglich einer physischen und psychischen „Belastbarkeit", im Zeitalter der Aufklärung mit dem neuen Wein grosszügiger mitmenschlicher Toleranz unter Andersgläubigen, Andersdenkenden, Anderslebenden; und da erweist sich der „Putsch" in diesem ehrwürdigen Wörterzirkel überraschend als ein Kuckucksjunges: Der stammt nicht aus dem alten Rom, nicht aus Ciceros Rede gegen den bösen Catilina, sondern aus dem alten Zürich, aus Gottfried Kellers „Grünem Heinrich".

Manchmal verwischt sich die Spur eines Wortes im Laufe der Jahrhunderte, sei es unter den Gesetzen einer Lautverschiebung, sei es beim Übergang in eine andere Sprache, und wird eine Strecke weit vollends unkenntlich – bis dann ein kreativer Fährtenleser in der alten Spur eine ganz neue entdeckt, das Verwischte entsprechend zurechtrückt und das Wort sozusagen unter einem neuen Namen, wenn man will: einem falschen Namen weiterlaufen lässt. So ist es mit dem lateinisch-griechischen Hybriden *arcuballista*, dem „Bogen-(Pfeil-)werfer" gegangen, dessen Fährte wir im späten 4. oder frühen 5. Jahrhundert bei Vegetius aufnehmen. Welcher Landsknecht hätte da wohl tausend Jahre später, wenn von einem *armburst* alias *armborst* die Rede war, noch an einen lateinischen *arcus*, „Bogen", oder an ein griechisches *bállein*, „werfen", denken sollen? Kein Wunder, dass ein braver Schweizer Schlaginhaufen oder wie der Reisläufer gerade hiess, in diesem rätselhaften *armburst* alias *armborst* seinen eigenen starken Arm und seine eigene tapfere Heldenbrust erkannte; erst recht kein Wunder, dass die so einleuchtend verdeutschte „Armbrust" bald einmal ihr sächliches Geschlecht gegen das weibliche eintauschte, und vollends kein Wunder, dass zwei oder drei Arm-„bruste" am Ende noch zu zwei oder drei ordentlichen Arm-„brüsten" wurden.

Schwierig wird die Fährtensuche, wenn ein Wort von der einen bildhaften Bedeutung auf die andere und womöglich noch auf eine dritte überspringt. Das jüngst durch allerlei Firmenpleiten und Airline-Groundings in die Schlagzeilen geratene „Debakel" ist dafür ein klassisches Beispiel. Im landläufigen Latein ist ein *baculum* ein „Stock", eine „Stütze" oder eine „Krücke", bei dem Architekten Vitruv auch schon mal ein Tür- oder Fenster-„Riegel". Im Französischen der frühen Neuzeit erscheint das Verb *débâcler*, „entriegeln", für das Aufsperren von Flügeltüren und Fensterläden; in der Folge bezeichnet das Substantiv *débâcle* zunächst in einem ersten Bild das Aufbrechen der Eisschicht eines zugefrorenen Flusses und das wilde Davonschwimmen der Eisschollen, sodann in einem zweiten Bild das Einbrechen einer Verteidigungslinie und das wilde Davonstürmen der Verteidiger, und da sind wir schon ganz nah bei unserem „Debakel", dem Zerreissen einer zu dünn gewordenen Finanzdecke und dem überstürzten Davonlaufen der Investoren.

Vom Tür- und Fenster-Aufsperren zum Osterspaziergang – „Vom Eise befreit sind Strom und Bäche …" –, vom Osterspaziergang ins Schlachtengetümmel, vom Schlachtengetümmel zum politischen oder wirtschaftlichen Debakel: Das ist, wenn wir diesen Wörterfährten nachspüren, gar nicht einmal ein besonders wildes Wörterleben. Wer derlei Kapriolen „abenteuerlich" findet, wäre unversehens schon wieder an ein typisches Exempel solcher Bockssprünge geraten. Diese abenteuerliche Wortgeschichte, die vom „Advent" ausgeht und bei der „Avenue" endet, steht hier allerdings nicht gleich gegenüber unter A wie „Abenteuer", sondern unter Z wie „Zukunft". Die Trüffelschweine haben sich ja auch verlaufen: in den Kartoffelacker.

Agenda und Road Map

Kanzler Schröder hat seine „Agenda 2010", Präsident Bush seine „Road Map" zum Frieden im Nahen Osten, und noch ist nicht abzusehen, wohin hüben der Terminkalender für die kommenden sieben mageren Jahre, drüben diese Strassenkarte einmal führen werden. Hier folgt unsere eigene Road Map zur „Agenda" und zu ebendieser „Road Map", und hier ist die Strassenkarte leichter überschaubar: Unter diesen jüngsten Stich- und Schlagwörtern führen wieder einmal alle Strassen nach Rom.

Bei der „Agenda 2010" fängt das Zauberkunststück schon im Titel an: Da hat die Sprache im Handumdrehen, Wortumdrehen vielerlei überfällige *agenda* in eine einzige zukunftsträchtige „Agenda" verwandelt. Zugrunde liegt das lateinische Verb *agere* mit der Grundbedeutung „(eine Herde) vor sich her treiben" und einem weiten Bedeutungsspektrum bis hin zu „(das Leben) führen"; irgendwo dazwischen liegt die Allerweltsbedeutung „(etwas) betreiben, tun, erledigen". Das sogenannte Gerundiv (eine Art Partizip Futur Passiv) *agenda* mit der Neutrum-Plural-Endung *-a* bezeichnet „Dinge, die erst noch betrieben, getan, erledigt werden müssen"; sein Gegenstück, das Partizip Perfekt Passiv *acta* in dem gleichen Neutrum Plural bezeichnet „Dinge, die bereits bearbeitet, getan, erledigt sind", im alten Kanzleideutsch: die „Akten".

Wie aus den vielerlei *agenda* die eine „Agenda" geworden ist? Ganz einfach: Drinnen im Terminkalender stehen klein geschrieben die *agenda*, die vielerlei „zu erledigenden Dinge"; draussen auf dem Umschlag steht ein schön geschwungenes „Agenda“, „Zu erledigende Dinge“. Kein Wunder, dass Hinz und Kunz diese Aufschrift „Agenda“ bald geradewegs auf den einen schön gebundenen Terminkalender selbst bezogen; kein Wunder auch, dass die beiden diesen Titel „Agenda“ nun wenn schon als Singular, so auch als Femininum verstanden; die Endungen für das Neutrum im Plural und das Femininum im Singular sind hier ja dieselben. Vom persönlichen Terminkalender zur politischen Tagesordnung und schliesslich zu Schröders „Agenda 2010“ war's dann ein kleiner Schritt; höchstens, dass die Grundbedeutung „eine Herde vor sich her treiben“ bei der Letzten noch einmal kräftig durchschlägt.

Und wie steht's mit unserer etymologischen Road Map zu der grossen politischen „Road Map“? Auch hier führen zunächst wieder alle Strassen nach Rom, diesmal an die Tafel eines Lucullus. In der Antike bezeichnete die lateinische *mappa*, ein Beutewort aus dem üppigen Karthago, ein feines Stück Tuch, wie es bei jeder besseren römischen Cena als Tischtuch oder als Serviette diente – daher französisch *nappe* und englisch *napkin* –, oder auch als eine Art Einschlagtuch, in das der Gastgeber seinen Gästen eine Scheibe kalten Braten zum Mitnehmen einschlug – daher unsere „Mappe“. In der Zeit der grossen Entdecker und Seefahrer ist das lateinische Wort über die grossformatigen, auf Leinen aufgezogenen Weltkarten überhaupt auf alle grösseren und kleineren Land- und Seekarten übergegangen – daher schliesslich das englische *map* und jüngst diese „Road Map“ zum Frieden.

„Road Map“ heisst auf deutsch ja „Strassenkarte“, und an dieser deutschen Wörterkreuzung weist der eine Wegweiser zu der römischen *strata* (*via*), zu dem „gepflasterten (Weg)“ und weiter zu einem griechischen *émplastron*, einem „Wundpflaster“, der andere Wegweiser zu einem griechischen *chártes*, einem Blatt Schreibpapier, und weiter zu dem ägyptischen *pápyros* alias *býblos*, und weiter zu der phönizischen Hafenstadt Byblos, und weiter zur „Bibliothek“ und zur „Bibel“, dem „Buch der Bücher“ ... Sind die himmlischen Heerscharen damals vielleicht auch solch einer „Road Map“ zum Frieden auf Erden nachgeflogen? Kein schlechtes Omen jedenfalls, dass auf dieser „Strassenkarte“ selbst die kuriosesten Wörterstrassen am Ende noch zu einer himmlischen Freuden- und Friedensbotschaft führen.

Aktie

Der Auslaut verrät es: Die „Aktie“ ist aus der holländischen Kaufmannssprache zu uns herübergekommen, und das bereits vor drei Jahrhunderten. Aber der Stamm verweist unverkennbar auf den lateinischen Hintergrund des Wortes: Darin steckt das Allerweltsverb *agere,* das von seiner eigentlichen Bedeutung „(jemanden, etwas vor sich her) treiben“ über ein allgemeines „(sein Leben) führen, tun, handeln, (als Schauspieler) agieren“ bis zu der besonderen Bedeutung „(eine Sache) betreiben, (als Anwalt) plädieren“ ein weites Bedeutungsfeld überstreicht. Im Plädoyer vor Gericht war das schauspielerische „Agieren“ ja auch wieder dabei.

Von diesem juristischen Gebrauch des Wortes führt ein schmaler Weg zur „Aktie“ hinüber. Im Lehrbuch der römischen Rhetorik bezeichnete die *actio* den wirkungsvollen „Vortrag“, den der Redner notabene ohne den Leitfaden eines Manuskripts, ohne die Brustwehr eines Rednerpults, dafür mit der Stentorstimme eines Auktionators, mit der Mimik und Gestik eines Schauspielers zu leisten hatte. In dieser audio-visuellen Bühnenpräsentation kamen alle Stärken einer Rede von der *inventio,* der „Auffindung“ der Argumente, bis zur *memoria,* der wortgetreuen Beherrschung des Textes, gesammelt zur Geltung – oder eben nicht. Mit der *actio,* dem „Vortrag“, stand und fiel die Rede; war sie verpatzt, war die Rede durchgefallen.

So verwundert es nicht, dass diese *actio* in der Folge auch die Rede selbst bezeichnen konnte. Eine Reihe weiterer Übertragungen dieser *actio* im Sinne dieses schauspielerischen „Plädoyers“ oder überhaupt eines forensischen „Betreibens“ schlossen sich an: zunächst auf den Prozess vor Gericht, wo dann die „Rede“ gegen diesen oder jenen zum „Prozess“ gegen diesen oder jenen wird, sodann auf die vor Gericht vorgebrachte, in der *actio* erhobene „Klage“ und die eingereichte Klageschrift, weiter auf die Legitimation zu dieser Klage, das „Klagerecht“, und schliesslich auf den in einer solchen Klage, mit einer solchen Klageschrift geltend gemachten rechtlichen „Anspruch“.

Soweit lässt sich die Kette der Übertragungen in der Antike und durchweg bereits in Ciceronischer Zeit, im 1. Jahrhundert v. Chr., durchgehend rekonstruieren, und soweit ist der Weg von der *actio* zur „Aktie“ zuverlässig ausgeschildert. Des Weiteren müssen wir uns an die vorgegebene Generalrichtung halten. Viele Jahrhunderte später, wohl erst in der Neuzeit, ist die Übertragung offenbar noch einen letzten, vergleichsweise kleinen Schritt weitergegangen: von dem einklagbaren Anspruch auf einen Anteil an dem Kapital einer Gesellschaft – oder auf einen entsprechenden Anteil an den Gewinnen dieser Gesellschaft – zu der Urkunde, die diesen einklagbaren Anspruch verbürgt. In dieser Bedeutung fassen wir jene alte *actio* in der frühen Neuzeit in der holländischen *action* oder *actie,* die im späteren 17. Jahrhundert als *action* ins Französische und um die Wende zum 18. Jahrhundert als „Aktie“ ins Deutsche übergegangen ist.

Da mag nun jeder frischgebackene Aktionär seine „Aktie“ zu ihrem Jahrtausende alten Nennwert nehmen: als Herausforderung zu einer echt römischen *actio,* das heisst zu einer nach allen Regeln der rhetorischen Kunst vorgetragenen, mit der gehörigen schauspielerischen Mimik und Gestik unterstrichenen Einklagung einer saftigen Dividende auf der nächsten Aktionärsversammlung – es muss ja nicht unbedingt in der echt antiken, so sorgfältig wie souverän in Falten gelegten Toga sein.

Ambitionen

„Wahlkampf" und „Wahlschlacht", „Wahlsieg" und „Wahlniederlage": Unsere Sprache beschreibt den Werbe-„Feldzug" der Parteien um die Gunst der Wähler in martialischen, kämpferischen Bildern. Da wird der Wahlkreis zur Walstatt, zum „Kampfplatz", und das ganze Land zur Arena, zum „Sandplatz", für die Schaukämpfe der Polit-Gladiatoren und den Zweikampf der Spitzenkandidaten. Die Wahlen im alten Rom sind gewiss auch allemal ein rechtes Hauen und Stechen gewesen, doch das klassische Latein hatte dafür eine friedlichere Bildersprache: Da hiess der alljährliche, fortwährende Wahlkampf um die hohen Ehrenämter schlicht und einfach *ambitio,* das „Herumgehen", oder in der Naheinstellung auch *prensatio,* das „Händeschütteln": Ein römischer Wahlkandidat kämpfte sozusagen mit Händen und Füssen um seinen Sieg.

In der *ambitio* steht am Anfang das Kopfstück *amb-,* „hin und her, ringsherum-", das uns auch am Kopf der hin- und hergehenden „ambulanten" Behandlung und der hin- und herfahrenden „Ambulanzen" begegnet; den Rumpf des Wortes bildet das Allerweltsverb *ire,* „gehen", mit seinem Ein-Buchstaben-Stamm *i-,* wie er sich auch in der „In-i-tiative" und den „In-i-tialen", im „Trans-i-t" und im „Ex-i-t" ein heimliches Stelldichein gibt; und am Schluss steht da das geläufige Schwanzstück *-tio,* das generell die Handlung bezeichnet, in diesem Fall also das „Hin-und-Her-Gehen", das „Ringsherum-Gehen". Ein bildkräftiges Wort: Man sieht so recht, wie der in die „strahlende, glänzende" *toga candida* gekleidete „Kandidat" sich auf dem Forum, in den Strassen durch die Menge drängt, wie er abwechselnd zur Linken und zur Rechten die ihm entgegengestreckten Hände schüttelt, wie er so tagaus, tagein in einem Stadtquartier nach dem anderen „hin und her und ringsherum geht".

Im klassischen Latein ist diese *ambitio,* dieses „In-der-Stadt-die-Runde-Machen", in ihrer einfachen Bildlichkeit immer ein sprechendes Wort geblieben, auch dort, wo es dann über den Wahlkampf hinaus den treibenden politischen „Ehrgeiz" und über das Politische hinaus auch jeden persönlichen „Ehrgeiz" bezeichnete. Die eigentliche politische Bedeutung des Wortes ist mit dem Ende der römischen Republik und ihrer alljährlichen Wahlkämpfe obsolet geworden. In der übertragenen Bedeutung, als „Ehrgeiz", sind die „Ambitionen" im modernen Euro-Wortschatz lebendig geblieben, und dies im Deutschen bezeichnenderweise durchweg in der Mehrzahl, wie die Rosinen, die einer im Kopf hat: Eine Ambition oder eine solche Rosine kommt selten allein.

Wie von einem solchen „Wahlkampf" sprechen wir geläufig von einer „Wahlkampagne": Deutet die entsprechende Lautgestalt der beiden Wörter auf eine alte Stammverwandtschaft, steckt hinter unserem Wahl-„Kampf" eine französische Wahl-„Kampagne", ein Wahl-„Feldzug"? So ist es tatsächlich; hinter beiden Wörtern steht der lateinische *campus,* „freies Feld", hier in der Bedeutung „Schlachtfeld, Kampfplatz". Auf diesem „Feld" ist eine weitgestreute kunterbunte Wörtersaat aufgegangen: im Italienischen erst das in Kampanien erfundene *Campanum aes,* die volltönende „kampanische Bronze", aus der man die ältesten Kirchenglocken goss, und daraus wieder die *Campanula,* die „Glockenblume", und der „Campanile", der „Glockenturm", im Französischen der „Champagner" und die „Champignons", im Englischen der aus dem Altfranzösischen übernommene Tennis-„Champion" sowie der mittelalterliche College-„Campus" und die neumodischen „Campingplätze", und so schliesslich im Deutschen über die französische „Kampagne" der „Kampf" und über die Wahl-„Kampagne" der Wahl-„Kampf".

Ära

Die „Ära Adenauer" und die „Ära Brandt", die „Ära Schmidt" und die „Ära Kohl": das alles ist jetzt schon „letztes Jahrhundert". Kaum ist der alte Kanzler abgekanzelt, pfeifen die Spatzen schon eine neue Ära vom Dach des Bundeskanzleramts. Auch die Währung der Wörter hat ihre Inflationen und Abwertungen: Vor nicht allzu langer Zeit war die „Ära" noch ein Ehrentitel für eine besonders geprägte, besonders illustre Epoche; im heutigen Medienjargon bezeichnet eine „Ära" nicht viel mehr als eine über ein paar Jahre ausgedehnte mehr oder weniger glanzvolle Regierungszeit.

Ursprünglich, in Spätantike und Mittelalter, hatte das Wort nicht so sehr ehrende als vielmehr praktische Bedeutung; da diente eine Ära vor allem als ein hilfreiches Bezugssystem, Geschichtsdaten und Lebensdaten auf die Reihe zu bringen. In einer solchen Ära zählte man die Jahre von einem epochemachenden Stichtag an fortlaufend durch, bis ein nächster Stichtag einen neuen Anfang setzte. So zählte die Spätantike die Jahre seit dem Regierungsantritt Kaiser Diokletians – nach heutiger Zählung im Jahre 284 n. Chr. – jahrhundertelang fort, bis der gelehrte, in Rom tätige Mönch Dionysius Exiguus in seiner neuen Ostertafel dem Jahre 247 „nach dem Regierungsantritt Diokletians" das Jahr 532 *„ab incarnatione Domini"*, „nach der Fleischwerdung des Herrn", folgen liess – unsere christliche Ära zählte, als sie endlich anlief, bereits ein gutes halbes Tausend Jahre.

In griechischer Zeit und im römischen Reich hat es nebeneinander und nacheinander eine Vielzahl vergleichsweise kurzlebiger Ären gegeben. Zwei davon haben sich länger halten können: die griechische Zählung der vierjährigen Olympiaden seit den ersten Olympischen Spielen im Jahre 776 v. Chr. und die römische Zählung der Jahre „seit Gründung der Stadt" im Jahre 753 v. Chr.

Und das Wort? Die lateinische *aera* begegnet uns erstmals im Übergang zwischen Spätantike und Mittelalter und zunächst ausschliesslich im Umkreis der iberischen Halbinsel und ausschliesslich mit Bezug auf eine „Spanische Ära“. Die Datierungen nach dieser Ära weisen zurück auf den 1. Januar 38 v. Chr.; aber schon im frühen Mittelalter hat niemand mehr gewusst, was an diesem 1. Januar 38 v. Chr. so buchstäblich Epochemachendes geschehen war. War es ein Amtsantritt? So spanisch uns das vorkommen mag: In Spanien hat diese Ära ihren längst vergessenen und gewiss in jedem Sinne „provinziellen“ Anlass mehr als ein Jahrtausend bis weit ins Mittelalter hinein überdauert. Es war einfach zu praktisch, nach dieser „Spanischen Ära“ fort- und fortzuzählen, und zu unpraktisch, irgendwann einmal auf die christliche Ära umzustellen.

Alles spricht dafür, diese mittellateinische *aera* auf das klassisch-lateinische Wort *aes* mit dem Genitiv *aeris,* Neutrum, „Bronze, Bronzegeld, Geld“, zurückzuführen. Wie bei den *legenda,* den „zu lesenden (Geschichten)“ und dann der einen „Legende“, und wie bei den *agenda,* den „zu erledigenden (Aufgaben)“ und dann der einen „Agenda“, ist der sächliche Plural *aera* wohl auch hier als ein weiblicher Singular mit dem Genitiv *aerae* missverstanden worden. Alles Weitere bleibt im Dunkeln: Alle noch so schönen Hypothesen, wie die Ursprungsbedeutung „Gelder, Summen, Rechnungsposten, Zahlen“ sich damals im 5. und 6. Jahrhundert zunächst zur „Jahreszahl“ und weiter zur „Jahresreihe“ fortentwickelt haben könnte, bleiben schöne Hypothesen.

Erzbischof Isidor von Sevilla, gestorben im Jahr 636 n. Chr., hat das *missing link* – sicher irrig – in der Augusteischen Steuerschätzung der Weihnachtsgeschichte nach dem Evangelisten Lukas gesucht, und um der Kuriosität willen sei hier zu guter Letzt vermerkt, wie ein Gelehrter des 18. Jahrhunderts im Anschluss daran die *aera* als Abkürzung deuten wollte: *A(nnus) er(at) A(ugusti):* „Es war das Jahr des Augustus.“

Armbrust

Das bekannte Gütesiegel für original Schweizer Qualitätsprodukte zeigt neben der Legende *„Swiss made"* stolz das Freiheitssymbol der schweizerischen Eidgenossenschaft: die wehrhafte Armbrust. Aber ausgerechnet diese „Armbrust" ist allem Anschein zum Trotz ganz und gar nicht *„Swiss made"*; sie ist halb griechischen, halb lateinischen Ursprungs und je nachdem, wie man's nimmt, zwei- oder dreimal so alt wie die auch schon gut siebenhundertjährige *Confoederatio Helvetica.*

Tell tritt auf mit der Armbrust: „Durch diese hohle Gasse muss er kommen, es führt kein andrer Weg nach Küssnacht ...", und weiter: „Auf dieser Bank von Stein will ich mich setzen ..." Und schliesslich der von Tells Pfeil durchbohrte Landvogt: „Gott sei mir gnädig! ... Das ist Tells Geschoss." Der Weg der jungen Schweiz ist gepflastert mit geflügelten Worten, die seit Schillers Tagen von Mund zu Mund, von Ohr zu Ohr fliegen wie damals der Pfeil von Tells Armbrust in Gesslers Herz.

Wirklich von Tells Arm, wirklich von Tells Brust? An dem schönen Mythos von dem bösen Gessler und dem braven Tell in der hohlen Gasse bei Küssnacht am Vierwaldstätter See ist bekanntlich nicht alles Gold, was glänzt. Und auch die Armbrust in Tells Hand ist dem Heldenarm und der Heldenbrust des helvetischen Freiheitskämpfers nicht so nahe, wie das Wort suggeriert. Sie ist vielmehr, in der Sache wie in der Sprache, das mittelalterliche Nachfolgemodell einer spätantiken *arcuballista*, wörtlich eines „Bogen-(Pfeil-)werfers", und diese wieder das Nachfolgemodell eines hellenistischen *gastraphétes,* eines mit ganzer Leibeskraft gespannten „Bauch-(Pfeil-)werfers".

Die *arcuballista* erscheint unter diesem Namen zuerst bei dem spätantiken Autor Vegetius, der um 400 n. Chr. über Kriegsmaschinen und „Maultiermedizin“ geschrieben hat – die Maultiere waren damals die Zugmaschinen. Sprachlich ist diese *arcuballista* mit dem lateinischen Substantiv *arcus*, „Bogen“, und dem griechischen Verb *bállein*, „werfen“, geladen: Diese grösseren oder kleineren Geschütze hatten ihren Namen von der enormen Federkraft des gespannten Bogens, mit der sie ihre durchschlagskräftigen Pfeile verschossen. Im frühen Mittelalter schnurrten die schwereren Geschütze zu leichteren Modellen, die spätantike *arcuballista* zu einer mittellateinischen *arbalista* zusammen; in der französischen Tochtersprache wurde daraus im 11. Jahrhundert eine *arbaleste* und schliesslich eine *arbalète.*

Im Mittelhochdeutschen begegnet „das“ *armbrust* oder kurz „das“ *armst*, auch *armburst* oder *armborst*, zunächst noch als ein Substantiv sächlichen Geschlechts. Irgendwann, irgendwo hat damals der verführerische Gedanke an den mächtigen „Arm“, der dieses *armbrust* hält und vor allem spannt, und an die tapfere „Brust“ dahinter aus der mittellateinischen *arbalista* eine deutsche „Armbrust“ werden lassen. Folgerichtig ist jenes mittelhochdeutsche sächliche *armbrust* seither zu einer weiblichen „Armbrust“ geworden, und entsprechend folgerichtig bildet es, nein: *sie* seither den geläufigen Plural „Armbrüste“, laut Duden „auch: Armbruste“.

A propos Armbrüste und andere Brüste: Eine sicherlich in die Irre gehende, vielleicht nicht einmal ernst gemeinte griechische Worterklärung deutet den – im Übrigen unerklärten – Stammesnamen der mythischen Amazonen aus einem negierenden Alpha und dem griechischen *mazós,* „Brustwarze, Mutterbrust“. Danach seien diese kriegerischen „Amazonen“ im eigentlichen Wortsinn Kriegerinnen „ohne Brust“; die mit Pfeil und Bogen bewehrten Amazonen hätten ihre rechte Brust geopfert, um desto grössere Spannweite für ihre Bogen zu gewinnen. Ein fröhlicher Symposiumsscherz oder ein abgeschmackter Kathederwitz? In jedem Fall: ein schlechter Tausch!

Assimilation

Es war einmal eine Zeit, da sprachen einzig die Grammatiker von einer „Assimilation". Durch eine solche „Angleichung" ist ja ebendiese lateinische *ad-simulatio* zu einer *as-simulatio* geworden; da hat der Zischlaut „s" den Zahnlaut „d" buchstäblich ausgezischt. In der Folge haben die Biologen und darauf die Soziologen das Wort zum Terminus technicus gemacht, die einen für die Einverleibung fremder Nahrungsstoffe, die anderen für die Eingliederung fremder Zuwanderer, und in diesem Sinne ist die „Assimilation" in jüngster Zeit zum geläufigen politischen Hieb- und Stichwort geworden.

Das Beste daran ist das „-sim-". Da gibt es im Lateinischen die drei Wörtchen *semel,* „einmal, ein einziges Mal", *semper,* „immer, in einem fort", und *simul,* „zugleich, zur gleichen Zeit", und in allen dreien steckt die indoeuropäische, das heisst: vom Indischen bis zum Griechischen und Lateinischen durchgehende Wurzel *sem* für das Zahlwort „Eins". Nehmen wir das als ein gutes Omen: Am Anfang dieser „Assimilation" steht eine „Eins", die seit vielen Jahrtausenden vielerlei Sprachen und Kulturen vereint.

Fünf Schritte führen von diesem indoeuropäischen *sem* zur „Assimilation", der erste zu dem Adjektiv *similis* mit dem Neutrum *simile,* „gleich", und zum „Faksimile". Ursprünglich war das einmal der Aktenvermerk eines *cancellarius* für seinen *secretarius: „Fac simile!"*, „Mach ein Gleiches!" in dem Sinne: „Schreib das mal ab!"; dann bezeichnete das Wort die täuschend echte Wiedergabe einer Urkunde oder einer Handschrift; und neuerdings ist dieses *„Fac simile!"* im modischen Mini wieder in die Kanzleien und Sekretariate zurückgekehrt; jetzt heisst es da: „Schick mir ein Fax!", „Fax mir das mal!"

Im Vorübergehen verneigen wir uns hier vor der *Sancta simplicitas,* der „Heiligen Einfalt". Das Adjektiv *simplex* bedeutet wortwörtlich: „(nur) einmal gefaltet" und darum: „einfach (zu durchschauen), simpel"; „einfältig" und „Einfältigkeit" sind genaue Lehnübersetzungen. Doch die Spanne zwischen der „Einfalt" eines Simplicissimus, der „Fachsimpelei" unter Fachkollegen und den *terribles simplificateurs* erinnert wieder einmal daran, dass in der Sprache auch das Simpelste sogleich wieder vielfältig wird.

Der dritte Schritt führt zu dem Verb *simulare,* dessen eigentliche Bedeutung „gleich machen" sich im lateinischen Sprachgebrauch sehr bald zu „vortäuschen, simulieren" verschoben hat. Der klassische Simulant von Fleisch und Blut, der eine Krankheit simuliert, lässt die gespielten Symptome täuschend „gleich" wie wirkliche Symptome erscheinen; der moderne Flugsimulator, der einen Start oder eine Landung simuliert, lässt den Flugschüler den virtuellen Flug täuschend „gleich" wie einen wirklichen Flug erleben.

Der vierte Schritt führt zu dem zusammengesetzten Verb *assimilare,* ein fünfter zu dem eher seltenen Substantiv *assimilatio:* Da ist vorn noch das zu einem *as-* assimilierte Kopfstück *ad-,* „hinzu-, heran-", und hinten das geläufige Schwanzstück *-tio* hinzugetreten. Für die Bedeutung macht der Kopfputz wenig Unterschied: Auch bei diesen Komposita liegt der Akzent eher auf der „Vortäuschung", auf dem „So-Tun-als-ob", als auf der „Angleichung". Im Plautinischen „Amphitryo" erklärt der Göttervater Jupiter, ehe er sich in Gestalt des Königs Amphitryo zu Königin Alkmene hineinbegibt: *„Nunc Amphitryonem memet... esse assimulabo..."*, „Jetzt will ich so tun, als wäre ich Amphitryo..."

Zu der heute geläufigen Bedeutung einer wirklichen „Angleichung" und „Anpassung" ohne solche Maskerade hat es die „Assimilation" erst neuerdings gebracht. So gebrauchen die Grammatiker den Begriff, so die Biologen, und so jetzt auch die Politiker, wenn es um die wünschenswerte „Assimilation" der Zuwanderer geht. Da wär's ja schön und ein zweites gutes Omen, wenn hier auch noch das Zauberwörtchen „Simsalabim" mit von der Partie wäre; aber dazu wissen weder die Fachsimpler noch die Simplifikateure wirklich Verlässliches zu sagen. Wünschen wir es also, und sprechen wir darüber ein dreifaches „Simsalabim"!

Athlet

Alle vier Jahre weht ein nostalgischer, verklärender Hauch von Olympia durch die Sportwelt und die Medien und gemahnt an die gute alte griechische Zeit, da erstens Steaks, zweitens Steaks und drittens Steaks noch das beste Doping waren und der Wettkampf nicht um Gold und Silber, sondern einzig um einen frischgeschnittenen Ölbaumzweig ging. In diesen Wochen avancieren die Olympischen Wettkämpfer von gewöhnlichen Sportlern zu klassisch-griechisch betitelten „Athleten" und hie und da im Überschwang der Begeisterung, weil's so urgriechisch klingt, auch gleich schon zu „Olympioniken", zu „Olympiasiegern".

„Sportler" und „Athleten" kommen aus ganz verschiedenen Ecken unseres Kontinents und der menschlichen Seele. Der heute weltweit geläufige „Sport" ist aus dem aristokratischen England zu uns herübergekommen: Darin steckt, perfekt getarnt, ein mittellateinisches *disportare,* Stück für Stück übersetzt: ein „Auseinandertragen" im Sinne einer kurzweiligen „Zerstreuung", eines vergnüglichen Zeitvertreibs. Der „Sport" ist tatsächlich einmal eine Lockerungsübung für Leib und Glieder und so auch für Herz und Seele gewesen, und man weiss ja, was aus dieser „Zerstreuung" seither geworden ist und wie locker es die Spitzensportler heute haben.

Der „Athlet" hat nicht derart spielerischen, vielmehr kämpferischen Ursprung. Das griechische Substantiv *áëthlos,* im Attischen zusammengezogen zu *áthlos,* bezeichnet in den Homerischen Epen sowohl kriegerische Zweikämpfe auf Leben und Tod als auch freundschaftliche Wettkämpfe um diesen oder jenen Kampfpreis. *Áthloi,* so der Plural, hiessen dann auch die zwölf mythischen „Mühsale" des Herakles wie die Kämpfe mit dem Nemeïschen Löwen und der Lernäischen Hydra oder die Reinigung des Augiasstalles, die wir nach der lateinischen Lehnübersetzung *labores* gewöhnlich die „Arbeiten“ des Herakles nennen. Und so, als knochenharte „Mühsale“, bezeichnete das Wort entsprechend auch die Wettkämpfe an den panhellenischen Spielen in Olympia und Delphi, in Nemea und am Isthmos.

Drei griechische Wörter stehen da nebeneinander. Zunächst der – männliche – *áthlos:* das war im alten Olympia ein Wettkampf, für den die Wettkämpfer sich jahrelang einem harten Training und einer strengen Diät unterwarfen und in dem dann doch nur der Erste wirklich „siegte“: Schon der Zweite und der Dritte liefen da nur unter „Ferner liefen ...“ Sodann das – sächliche – *áthlon:* das war der so mühselig erworbene Kampfpreis, in Olympia ein frischgeschnittener Zweig vom heiligen Ölbaum, in Delphi der bis heute unverwelkte, vielzitierte Lorbeerzweig. Und dann der *athlétes,* der „Athlet“: das war der Wettkämpfer, der keine Anstrengung und keine Entbehrung scheute, einen solchen Siegespreis davonzutragen und am Ende vielleicht wie der Ringerkönig Milon von Kroton unter die Heroen aufzusteigen.

Áthlos, áthlon, athlétes: Das griechische Wort deutete auf Blut, Schweiss und Tränen, und unter den Wettkämpfen der antiken Spiele besonders auf die kräftezehrenden Ringkämpfe, die eisenharten Faustkämpfe und das noch unvergleichlich härtere, ja grausame Pankration. Dazu passt, dass das Adjektiv *áthlios* in der attischen Tragödie den vom Unglück verfolgten, ins Unglück gestürzten „unglückseligen“ tragischen Helden bezeichnet. Dazu passt weiter, dass später die christlichen Märtyrer als derart kämpferische „Athleten“, als bekränzte Sieger über Tod und Teufel, gefeiert werden konnten. Und dazu passt schliesslich auch, dass wir heute bei einem „Athleten“ und einem „athletischen Körperbau“ unwillkürlich eher an einen schwergewichtigen, muskelbepackten Schwerathleten als an einen leichtgewichtigen, leichtfüssigen Leichtathleten denken: „Jedem Worte klingt“, so schnarren die Greifen in Goethes „Klassischer Walpurgisnacht“, „der Ursprung nach, wo es sich her bedingt.“

Attentat

„ATTEMPTO“ heisst die Inschrift hoch oben an der Front der „Neuen Aula“ meiner alten *Alma mater Tubingensis,* der 1477 gegründeten Eberhard-Karls-Universität in Tübingen: „Ich wag's!“ Es ist der zu jener Zeit natürlich lateinische Wahlspruch ihres Gründers, des Grafen Eberhard im Bart, und so weit man ihn noch verstand und versteht, mag manch frisches Erstsemester sich das frohgemute Motto seither geradeso frohgemut zu eigen gemacht haben: „Ich wag's!“

Wozu das hier? In unserer Sprache ist es nur ein kleiner Schritt von dem tüchtigen Mann, der „zu vielem“ fähig ist, zu dem anderen, der „zu allem“ fähig ist, und auch in unserem Fall ist es nicht weit von dem beherzten Wagemut dieses *„Attempto“* zu der kriminellen Energie eines „Attentäters“. Hinter dem ehrenwerten Wahlspruch des alten Eberhard im Bart und hinter dem mörderischen „Attentat“ steht das gleiche lateinische Verb *attemptare,* das auch abgeschliffen zu *attemtare, attentare* begegnet.

Die ursprüngliche Bedeutung dieses *attemptare* ist „versuchen, anpacken“; doch schon im klassischen Latein hängt dem Wort etwas Verführerisches wie „verlocken, in Versuchung führen“, etwas Frevelhaftes wie „anrühren, antasten“, ja etwas Gewalttätiges bis hin zum „Anfechten, Angreifen“ an. Aus dem Partizip Perfekt Passiv *attentatum,* „das Versuchte, Gewagte“, ist zunächst im 14. Jahrhundert das französische – männliche – Substantiv *attentat* hervorgegangen, und das bereits in der heute geläufigen Bedeutung eines mörderischen politischen Anschlags. Aus dem Französischen ist das Wort in der frühen Neuzeit ins Deutsche übergewechselt, zunächst im weiteren Sinne eines versuchten Verbrechens, seit dem 18. und 19. Jahrhundert dann auch im engeren Sinne eines politischen Mordanschlags; in unserer Drei-Geschlechter-Sprache konnte das Wort wieder mit seinem ursprünglichen sächlichen Geschlecht als „das Attentat“ erscheinen.

Nun ist das Deutsche aber auch eine Kuppelwörter-Sprache, und da präsentiert sich das „Attentat“, ganz zweifellos ja eine Tat, scheinbar tatsächlich als eine „-tat“, als gebe es da neben einer „Misse-tat“ und einer „Übel-tat“ zu übler Letzt noch eine „Atten-tat“. Das weibliche Geschlecht der „Tat“ hat diesen Kurzschluss zunächst ausgeschlossen. Aber zu jeder „Tat“ gehört ein „Täter“ oder eine „Täterin“, und so konnte der verführerische Anklang doch immerhin zu der sprachlichen Missetat führen, dem „Misse-täter“ und dem „Übel-täter“ noch einen derart zusammengestückten „Atten-täter“ und eine „Attentäterin“ zur Seite zu stellen. Mittlerweile haben wir uns längst an die schräge Ableitung gewöhnt, so sehr, dass wir sie gar nicht mehr als schräg registrieren, geschweige denn sie irgendwie komisch finden. Aber seinen ersten Auftritt hatte dieser „Attentäter“ um die Mitte des letzten Jahrhunderts bezeichnenderweise in der Moritat eines Bänkelsängers, als das gesuchte, flapsige Überraschungsreimwort zu einem gleich strafwürdigen „Hochverräter“.

Apropos „Moritat“: Steckt im Namen dieser volkstümlichen, bluttriefenden Lieder von Mord und Totschlag, die ein Bänkelsänger vor dem Flip-chart-Ständer mit den gruseligen Bildern auf dem Jahrmarkt vortrug, wohl tatsächlich eine irgendwie zersungene „Mord-tat“? Oder haben diese ja nicht nur von Blut, sondern geradeso von Moral triefenden Lieder, in denen alle Missetäter und Übeltäter, Hochverräter und Attentäter schliesslich ihre gerechte Strafe erleiden, ihren Namen von ihrer erhebenden „Moralität“? Das ist schwer zu sagen; in den strophenreichen Liedern siegt am Ende ja allemal die Moral über Mord und Totschlag, und auch in dieser Namensfrage hat die „Moral“, bei aller Unsicherheit, doch wohl das letzte Wort.

Brezel

Die grobe „Brachialgewalt“ und die feine „Brezel“, etymologisch gleicherweise stimmig, sind tatsächlich eines und desselben Stammes. Freilich: Der brachialen Gewalt hat der Zahn der Zeit – wenn das krause Bild erlaubt ist – kein Härchen, kein Vokälchen und kein Konsonäntchen krümmen können; die Brezel hat er – und da passt das Bild schon besser – umso genüsslicher angeknabbert. Hinter beiden steht das griechische Substantiv *brachíon* und das entsprechende lateinische *brac(c)hium,* „Arm“, samt dem Adjektiv *brac(c)hialis:* Die Brachialgewalt ist demnach eine sozusagen armschwingende oder, wie wir sagen: handgreifliche Gewalt, die Brezel ein sozusagen armschlingendes oder deutlicher: die Arme verschränkendes Gebäck.

Zunächst gilt es hier noch einer ganz und gar nicht „brachialen“, vielmehr zartbesaiteten Verwandtschaft die Reverenz zu erweisen. Aus der italienischen *viola da braccio,* wortwörtlich einer „Armgeige“, ist im 17. Jahrhundert in den Konzertsälen der deutschen Fürstenhöfe erst eine eingedeutschte „Bratschgeige“ und dann eine „Bratsche“ geworden. Die barbarische Schreibung des Wortes hat die Spuren seiner romanischen Herkunft verwischt und seine eigentliche Bedeutung vergessen lassen, und so hat aus dem verhackstückten Arm-Dings in der Folge wieder ein scheinbar ganz kunstgerecht abgeleiteter „Bratscher“ und ein professioneller „Bratschist“ hervorgehen können. Auch die Sprache hat ihre Gewaltsamkeiten; nur zu einem „Ich bratsche, du bratschst, er bratscht …“ ist es dann nicht mehr gekommen.

Im Französischen ist das lateinische *brac(c)hium* unschwer in dem gleichbedeutenden *bras* wiederzuerkennen. Doch nebenbei scheint dieses *brac(c)hium* auch bei der *branche,* „Ast, Zweig“, unserer (Wirtschafts-)

„Branche", seine Hand im Spiel zu haben. Keine Frage, dass die französische *branche* in ihrer Lautgestalt auf eine spätlateinische, ursprünglich wohl keltische *branca,* „Pfote", zurückgeht, die sich bei uns zur krallenbewehrten (Raubtier-) „Pranke" ausgewachsen hat. Aber da das alte *brac(c)hium* schon im klassischen Latein neben allerlei tierischen Vorderläufen, Scheren und Zangen auch allerlei pflanzliche Verästelungen und Verzweigungen bezeichnen konnte, wird das Volk, das die Volksetymologien macht, die beiden gleichklingenden Wörter in einen Topf geworfen und aus der haarigen *branca* eine grünende *branche* gemacht haben.

Doch nun endlich von diesen altbackenen Wörtern zu den frischgebackenen Brezeln! In diesen brachialen Brüdern, die da in Reih und Glied mit lässig ineinander verschlungenen Armen im Schaufenster liegen, als warteten sie nur auf das Signal zum Losschlagen, hat das lateinische *brac(c)hium* bei uns sein unauffälligstes und zugleich sein augenfälligstes Fortleben gefunden. Ein italienischer *bracciatello,* „Brezel", lässt uns noch auf ein spätlateinisches *bracciatellum* zurückschliessen; im Althochdeutschen finden wir eine *brezzita* mit dem liebevollen Deminutivum *brezzitella,* im Mittelhochdeutschen begegnet uns die Verkleinerungsform bereits in der vertrauten Verkürzung zur *brezel,* die sich im Neuhochdeutschen vollends durchgesetzt hat.

Hand aufs Herz: Schmeckt uns solch eine knusprig gebackene, butterbestrichene braune Laugen-„Brezel" nicht doppelt und dreimal so gut, wenn man ihr erst einmal durch ihre verschlungenen Arme tief in ihr griechisches und lateinisches, verborgenes und offenbares Herz geschaut hat?

Charisma

Politisches Charisma: das ist unvergleichlich mehr als Popularität und Telegenität, mehr als die Messerspitze Salz und Pfeffer und die Fingerspitze Zunder, die eine fade Rede zu einer gesalzenen und gepfefferten „zündenden“ Rede machen, mehr auch als alle politische Kompetenz, alle persönliche Integrität und alles landesväterliche Verantwortungsgefühl, die man einem Politiker zugute halten mag. Politisches Charisma: das ist eine schier übernatürliche, schier unwiderstehliche Ausstrahlung einer ganz eigenen, seltenen Art.

Das Wort ist unverfälschtes, prägefrisches Griechisch. Es verlockt zu denken, dieses griechische „Charisma“ sei eine Prägung der lebendigen athenischen Demokratie des 5. Jahrhunderts v. Chr., ja es sei einmal auf den Ersten Mann jener „Perikleischen“ Zeit, auf Perikles selbst, gemünzt gewesen. Aber zu der Zeit hat es das Wort noch längst nicht gegeben; auch der grosse Alexander war für diesen Ruhmestitel noch Jahrhunderte zu früh geboren.

Die griechische *cháris,* verschwistert mit dem Verb *chaírein,* „sich freuen“, bezeichnet überhaupt „Erfreuendes“: zunächst den Liebreiz und die Anmut der göttlichen Chariten und ihrer menschlichen Günstlinge, dann überhaupt jede erfreuende, beglückende Gunst, die einer dem anderen erweist, und wiederum den gleicherweise erfreuenden, beglückenden Dank, den dieser dem ersten bezeugt. Gunst und Dank sind im Deutschen zweierlei; im Griechischen verschmelzen sie in der einen *cháris,* in der einen Freude, die sich da hinüber und herüber und wieder hinüber und herüber spiegelt. In der Folge ist diese schöne Doppelbedeutung, die sich im Schulvokabular in einem simplen „1. Gunst, 2. Dank“ darstellt, auf die lateinische *gratia* übergesprungen, und entsprechend haben sich den drei anmutigen griechischen „Chariten“ drei graziöse römische „Grazien“ zugesellt. Bis heute bedanken wir uns ja im Neugriechischen mit einem *evcharistó,* „(Ich) danke“, und im Italienischen mit einem *grazie.*

Die Ableitung *chárisma* mit dem verdinglichenden Schwanzstück *-ma* ist überhaupt erst im 1. Jahrhundert n. Chr. und auch dann nur ganz vereinzelt bezeugt, im Sinne einer „(Gottes-) Gabe“, und hat einzig durch das Neue Testament, durch die Paulusbriefe, für uns Bedeutung gewonnen. Da heisst es im Brief des Paulus an die Römer, in dem viel zitierten Schluss des 6. Kapitels: „Der Sünde Sold ist Tod; Gottes Gabe – im Griechischen: Gottes *chárisma* – aber ist ewiges Leben in Christus Jesus, unserm Herrn“, und wieder im 1. Brief des Paulus an die Korinther, im 12. Kapitel: „Es sind mancherlei Gaben – im Griechischen: mancherlei *charísmata* –; aber es ist *ein* Geist. Und es sind mancherlei Ämter; aber es ist *ein* Herr. Und es sind mancherlei Kräfte; aber es ist *ein* Gott . . .“. So nach Luther; die Zürcher Bibel übersetzt da jeweils „Gnadengabe“.

Mittlerweile ist das Wort aus der Paulinischen Lehre in das politische Leben übergewechselt. Auch da meint das Charisma eine Gabe der besonderen Art, eine mächtige, fast übermenschliche Ausstrahlung, vor der jede noch so ausgetüftelte, ausgeklügelte rhetorische und politische Kunst zuschanden wird, und auch da ist dieses Charisma in der höchsten Sphäre heimisch und entsprechend äusserst selten geblieben – der Bürgermeister von Kleinkleckersdorf hat vielleicht „Pep“, „Pfeffer“, aber doch kein Charisma. Es ist bezeichnend für den hohen Rang des Wortes, dass die grassierende Inflation der Werte das „Charisma“ noch nicht ergriffen hat.

Eine reizvolle Laune der Wortgeschichte lässt die griechischen „Chariten“ und so auch unser „Charisma“ verführerisch an den französischen „Charme“ anklingen. Aber dieser „Charme“ geht keineswegs auf die griechische *cháris,* sondern vielmehr auf das lateinische *carmen,* „Lied“, in der prägnanten Bedeutung „Zauberlied“ zurück; erst im Französischen ist aus dem hart anlautenden *carmen* der aspirierte „Charme“ geworden, wie entsprechend aus der nahe verwandten *cantio* der aspirierte „Chanson“. Der „Charme“ ist eigentlich ein verzaubernder Singsang, eine „charmante“ Frau eigentlich eine verzaubernde, mit der geläufigen Lehnübersetzung: eine „bezaubernde“ Frau: Georges Bizets oder ursprünglich Prosper Mérimées „Carmen“ hat einen sprechenden Namen.

Debakel

Im Vorfeld des Unglücks, weit unter der Schwelle eines „Desasters", eines unheilvollen „Unsterns", oder einer „Katastrophe", einer verderblichen „Wendung nach unten", hat unsere Sprache das „Debakel" angesiedelt. Da geht es nicht um Leben und Tod, nicht einmal um eine Gefährdung von Leib und Leben; da geht es allenfalls um den finanziellen Ruin eines stolzen Unternehmens oder um ein schandbar hoch verlorenes Weltmeisterschaftsspiel. Der Ursprung des Wortes aber liegt weitab von all diesen Debakeln einfach zwischen Tür und Angel.

„Vom Eise befreit sind Strom und Bäche / durch des Frühlings holden, belebenden Blick..." Was der frühlingstrunkene Doktor Faustus am Anfang seines Osterspaziergangs „vor dem Tor" da so hymnisch beschreibt, ist tatsächlich ein Debakel, wenigstens ein französisches: *„Rupture de la couche de glace"*, so erklärt der „Petit Robert" die Ursprungsbedeutung des *débâcle*, *„dont les morceaux sont emportés par le courant"*, „Das Aufbrechen der Eisdecke, deren Stücke von der Strömung davongetragen werden". Da haben wir des Pudels Kern: In der Bildlichkeit dieses „Debakels" ist die allzu dünne Finanzdecke jenes stolzen Unternehmens sozusagen mit Knalleffekt zu Bruch gegangen und flussabwärts davongeschwommen, und entsprechend mag man sich vorstellen, wie die hauchdünnen Sieges-Chancen einer Fussball-Nationalelf in der soundsovielten Minute mit einem Mal zu Bruch gehen und unversehens „bachab", wie die Schweizer sagen, davonschwimmen.

Hinter dem ersten Bild steht ein zweites: Hinter dem neuzeitlichen französischen *débâcle*, diesem „Aufbrechen einer Eisdecke", bildlich dann auch der Auflösung einer Abwehrfront oder sonst eines festen Gefüges, erscheint ein spätmittelalterliches *débâcler* für das „Aufschieben eines Riegels", und dahinter wieder ein hochmittelalterliches *bâcler* für das „Vorschieben eines Riegels". Von daher wird das zitierte Frühjahrs-„Debakel" jenes Faustischen Osterspaziergangs nun vollends verständlich: In der Bildlichkeit dieses französischen *débâcle* hatte der Fluss mit seiner Eisdecke sozusagen alle Türen und Fenster vor dem strengen, kalten Winter verriegelt und sich in sein wohlig warmes Flussbett zurückgezogen, um dann unter „des Frühlings holdem, belebendem Blick" die Riegel wieder zurückzuschieben, Türen und Fenster sperrangelweit aufzusperren oder auch gleich bachab zu schicken...

Aber damit sind wir mit diesem „Debakel" natürlich noch nicht am Ende: Aus dem Französischen führen (fast) alle Wege ein Jahrtausend weiter ins Lateinische zurück. Über die ein wenig schwankende, doch wohl verlässliche Brücke eines nicht überlieferten, nur zu erschliessenden spätlateinischen *baculare,* „verriegeln", gelangen wir wieder auf festen Boden: zu dem klassisch-lateinischen Substantiv *baculum,* „Stock, Stab", das im klassischen Latein zumeist eine „Stütze" oder „Krücke" bezeichnete, doch bei dem Architekten Vitruv in Augusteischer Zeit auch schon in der besonderen Bedeutung eines Tür- oder Fenster-„Riegels" begegnet. Von einer Verkleinerungsform dieses *baculum,* dem *bacillum,* kommt nebenbei der nach seiner Stäbchenform benannte „Bazillus" oder die „Bazille"; von dem sprachverwandten griechischen Substantiv *baktería,* „Stock, Stab", kommt die entsprechend benannte „Bakterie".

Es ist eine unerfreuliche, unerquickliche Gesellschaft, an die wir da zum Schluss geraten sind; aber wenigstens können wir angesichts dieses klassisch-lateinischen *baculum* jetzt zum wiederholten und letzten Mal rufen: Das also war des Pudels Kern! Hinter dem spektakulärsten „Debakel" steckt letztlich nichts als ein simples Stück Holz, ein simpler „Riegel" hinter Tür und Fenster, der, kaum aus seiner Verankerung gelöst, die eben noch so fest verriegelten Türflügel und Fensterläden plötzlich aufspringen, die eben noch so fest geschlossenen Eisdecken plötzlich aufbrechen und schliesslich die schönsten Finanzdecken und WM-Chancen mit einem Mal bachab gehen lässt.

Diät und Diäten

Hier die eiserne „Diät“ und dort die silbernen „Diäten“: Zwischen der Einzahl und der Mehrzahl eines und desselben Wortes klafft manchmal ein tiefer Graben, und wie der Zufall so spielt, liegt das nächste Beispiel gleich daneben: hier die magere „Kost“ und dort die saftigen „Kosten“.

Die magerste Schlankheits- und Fitness-„Diät“ und die fettesten Abgeordneten-„Diäten“ haben eine gemeinsame griechische Grossmutter, die *díaita.* Wie der *bíos,* das Wort hinter unserer „Biographie“, im Griechischen die lebenslange „Lebensführung“ meint, so die *díaita* die alltägliche „Lebensweise“: wann einer morgens aufsteht, wie er seinen Tag einteilt, wieviel Sport er treibt, was und wieviel einer isst und trinkt, wann einer abends schlafen geht. An diese allgemeine eigentliche Bedeutung des Wortes haben sich zwei Übertragungen angeschlossen. Da zum alltäglichen Leben vornehmlich auch das Wohnen gehört, bezeichnet das Wort im Besonderen auch eine „Wohnung“ oder einen „Wohnraum“; und da jede Lebensweise ihre Lebenskosten mit sich bringt, deutet diese alte *díaita* auch schon auf den „Lebensunterhalt“ und die „Unterhaltskosten“. Von der „Lebensweise“ führte der Weg seit alters zur ärztlich verordneten „Diät“; von den „Lebenskosten“ führt er neuerdings zu den selbstverordneten „Diäten“ unserer Abgeordneten.

Im 6. und 5. Jahrhundert v. Chr. hat sich die griechische Wissenschaft, zuerst die Sportmedizin, auch dieser alltäglichen *díaita* angenommen. Eine neue Diät für Schwerathleten – Steaks, Steaks und noch einmal Steaks – bescherte den Krotoniaten an der Sohle des italienischen Stiefels damals eine beispiellose Serie von Olympischen Siegen. Zehn Pfund Fleisch, wurde da gefabelt, habe der Super-Ringer Milon von Kroton täglich verzehrt, und die Legende setzte gleich noch eins drauf: zehn Pfund Brot habe er dazu gegessen und und zehn Liter Wein dazu getrunken – wohl bekomm's!

Der für seine pingeligen „Diät"-Regeln berüchtigte Trainer und Sportarzt Herodikos von Selymbria, der Lehrer des Hippokrates, gilt als der Begründer einer ernsthaften *diaitetiké (téchne),* einer „diätetischen Kunst" oder kurz „Diätetik", die fortan nicht mehr nur dem olympiaverdächtigen Hochleistungssportler, sondern jedermann zugute kommen sollte. Eine kleine Schrift mit dem Titel *„Perí diaítes",* „Über die (gesunde) Lebensweise", aus der Schule des Hippokrates und eine Art Gesundheits- und Fitnessfibel mit dem Titel *„Hygieiná",* „Gesundes (Leben)", aus der Feder des etwas jüngeren Diokles von Karystos geben uns einen Einblick in diese „diätetische" Lehre vom gesunden Essen und Trinken, Sich-Bewegen und Ruhen, Wachen und Schlafen.

Hygieiné díaita, „gesunde Lebensweise", lautete die alte Formel, deren zwei Wörter, Adjektiv und Substantiv, heute getrennt unter „H" und „D" und in engerer Bedeutung im Fremdwortlexikon stehen: Die „Hygiene", immer noch in der originalen griechischen Lautgestalt, eigentlich die „gesunde (Lebensweise)", bezieht sich ausschliesslich noch auf die Körperpflege, und wenn heute von „Diät" die Rede ist – so nach der lateinischen *diaeta* –, denken wir einzig noch an den Speisezettel, und oft genug geht es bei der „Diät" ja um nicht viel mehr als ein simples Kalorienzählen.

Aber wie war das vorher mit der mageren „Kost" und den saftigen „Kosten"? Es ist blanker Zufall, dass „Diät" und „Diäten", „Kost" und „Kosten" einander so hübsch entsprechen. Da sind schon im Mittelhochdeutschen zwei gleichlautende Verben „kosten" einander über den Weg gelaufen. Hinter dem einen steht das lateinische *constare,* „(auf soundso viel) zu stehen kommen, kosten", hinter dem anderen das lateinische *gustare,* „(ver-) kosten, probieren", und über das „Kostgeld" für Kost und Logis ist der mittelhochdeutsche Singular *kost* in der Folge von den Kosten für die Verköstigung auf diese Verköstigung selbst übergesprungen.

Diskussion

Wenn die Diskussionsteilnehmer jedes noch so fest gefügte Gedankengebäude Stein für Stein auseinandernehmen, jedes noch so überzeugend vorgebrachte Votum Wort für Wort zerpflücken, wenn da sozusagen kein Stein und kein Wort auf dem anderen bleibt, so ist das eine „Diskussion" im eigentlichen Sinne des Wortes gewesen. Kopf und Schwanz zeigen es an: Die „Diskussion" kommt wie die „Disputation" aus dem Lateinischen, die mittelalterliche „Disputation" von dem Verb *disputare,* eigentlich „auseinanderrechnen", die neuzeitliche „Diskussion" von dem Verb *discutere,* eigentlich „auseinanderschlagen". Dieses *discutere,* ein Kompositum aus dem Kopfstück *dis-,* „auseinander-", und dem Verb *quatere,* „schütteln, schlagen", ist im klassischen Latein durchaus geläufig; dagegen ist die von seinem Partizip Perfekt Passiv abgeleitete *discussio,* eigentlich „das Auseinanderschlagen", erst im Mittelalter und vollends erst in der Neuzeit gebräuchlich geworden.

Seit dem 17. und 18. Jahrhundert ist die akademische „Disputation" in den neuen Sprachen allmählich ausser Gebrauch gekommen und die „Diskussion" an ihre Stelle getreten. Vom „Auseinanderrechnen" zum „Auseinanderschlagen": Wie haben wir's da zuletzt so herrlich weit gebracht! In dem alten „Georges", diesem bewährten „Ausführlichen lateinisch-deutschen Handwörterbuch", geht es unter diesem Stichwort *discutere* gleich noch gewalttätiger, noch martialischer weiter: „(1) im engeren Sinne: zerschlagen, zerspalten, zerschmettern, zertrümmern; (2) im weiteren Sinne: (a) eigentlich: auseinandertreiben, (eine Versammlung) auseinanderjagen, sprengen, (ein feindliches Heer) zerstreuen, zersprengen; (b) übertragen: machen, dass etwas sich zerschlägt: etwas scheitern lassen, hintertreiben, vereiteln, unterdrücken, verscheuchen, beseitigen ..." Und da wundern wir uns noch, wenn bei manchen Diskussionen so wenig Konstruktives, „Aufbauendes“, herauskommt?

In der Spätantike, im 4. und 5. Jahrhundert n. Chr., verschiebt sich die Bedeutung des Wortes allmählich in die Richtung unserer „Diskussion“. Da bezeichnet das Verb *discutere* und die bis dahin äusserst seltene *discussio* vereinzelt auch ein „Auseinanderschlagen“ im Sinne einer eingehenden Untersuchung oder Überprüfung – etwa in dem Sinne, in dem ein Kind sein tönernes Sparschwein entzweischlägt, um wieder einmal seinen Münzschatz nachzuzählen, oder einen defekten Wecker auseinandernimmt, um zu sehen, was da alles läuft und nicht läuft.

Im Besonderen wurde die *discussio* damals zu einem Terminus technicus für die Steuerprüfung in den Provinzen, und hier lässt sich der Bedeutungssprung zur „Diskussion“ leicht verstehen. Wenn da ein römischer *discussor,* ein „Steuerprüfer“, an die Tür klopfte, kam es ja wohl zunächst zu einer *discussio* im alten Sinn, zum handfesten „Auseinanderschütteln“ der Bilanzen und Belege, und dann wohl auch zu einer „Diskussion“ im neuen Sinn: zur wortreichen „Auseinandersetzung“ über Steuern und Steuerschulden. In diesem ursprünglichen Sinne des Wortes hätten heutzutage wohl auch manche Mega-Multis in den USA und anderswo noch einigen Diskussionsbedarf.

Mittlerweile hat sich diese Steuer-„Diskussion“ aller nur denkbaren Gegenstände überhaupt bemächtigt; was lässt sich nicht alles diskutieren! Und jetzt ist auch klar, was in einer solchen „Diskussion“, wie wir sie verstehen, eigentlich zerschlagen und zerspalten, zerschmettert und zertrümmert wird: nicht so sehr die Voten und Gegenvoten, Argumente und Gegenargumente der Diskussionsteilnehmer zur Sache als vielmehr der komplizierte, „verwickelte“, kompakte, „fest gefügte“ Diskussionsgegenstand selbst, und das, bis die Diskussionsrunde den dicken Brocken schliesslich in hundert Bröckchen zerschlagen hat und befriedigt sagen kann: „Das also war des Pudels Kern!“ – immer vorausgesetzt, man hatte sich nicht von vornherein von einem hohlen Pudel narren lassen.

Emanzipation

Wenn „man“ (!) sich als Frau heutzutage so recht demonstrativ und provokativ feministisch geben und dazu noch „seine“ (!) Sprache so recht tierisch ernst nehmen will, sagt „man“ eben nicht „man“, sondern „frau“, und nicht „jedermann“, sondern „jedefrau“. Aber nur ein übler Spötter könnte sich unterfangen, den Schimpfnamen einer „Emanze“ noch zu einer „Efrauze“ zu verballhornen; bei der „Emanzipation“ ist, anders als bei jenem „man“, kein verkappter Mann im Spiel oder jedenfalls kein ganzer: Er hat nur, im eigentlichen Wortsinn, seine Hand im Spiel oder vielmehr im Wort.

Packen wir die „Emanzipation“, die sich mit ihrem Schwanzstück „-tion“ als ein römisches Erbstück ausweist, erst einmal bei den Hörnern: bei ihrem ersten Buchstaben. Wer je ein wenig Latein gelernt hat, wird in diesem „E-“ am Anfang sogleich das Kopfstück *ex-* bzw. *e-*, „aus-“, erkennen: Die Emanzipation soll die Frau ja „aus“ der Fremdbestimmung durch den Mann in die Selbstbestimmung führen, sie „aus“ der Unterwerfung unter das Regime der Männer befreien. Bleibt nach diesem simplen Kopfstück „E-“ noch die „-manzipation“; doch wer jetzt unter *mancip-* in einem lateinischen Handwörterbuch nachschlägt, um auch diesem Rumpf des Wortes auf die Spur zu kommen, stösst auf verwirrende Bedeutungen.

Da bezeichnet das lateinische Substantiv *mancipium* erstens im eigentlichen Sinne als juristischer Terminus technicus eine förmliche, vor wenigstens fünf Zeugen vollzogene Eigentumsübertragung, und zweitens im übertragenen Sinne den durch eine solche Eigentumsübertragung erworbenen – also nicht im Hause geborenen – Sklaven jedweden Geschlechtes. Das altlateinische *mancipium* wurde vornehmlich in dieser zweiten, übertragenen Bedeutung „(gekaufter) Sklave, (gekaufte) Sklavin“ gebraucht; für die förmliche Eigentumsübertragung selbst kam seit dem 1. Jahrhundert n. Chr. noch eine gleichbedeutende von dem Verb *mancipare,* „(unter den Formvorschriften des *mancipium)* verkaufen“, abgeleitete *mancipatio* auf.

Das aus dem lateinischen Substantiv *manus,* „Hand“, und dem Verb *capere,* „greifen“, zusammengesetzte Wort stellt den „handgreiflichen“ Rechtsakt anschaulich vor Augen. Wir sehen bei diesem sprechenden Wort den Käufer vor uns stehen, wie er vor den besagten fünf Zeugen seine Hand auf die Schulter einer marmornen Venus von Milo oder einer Sklavin von Fleisch und Blut legt, von ihr buchstäblich „Besitz ergreift“ und dazu – im Falle der Sklavin – die vorgeschriebene Formel spricht: *„Hunc ego hominem ex iure Quiritium meum esse aio isque mihi emptus est…“,* „Diesen Menschen hier erkläre ich nach dem Recht der Quiriten – der Römer – zu meinem Eigentum, und der ist von mir gekauft…“

Umgekehrt bezeichnete die auch schon klassisch-lateinische *emancipatio* die ebenso förmliche Aufgabe eines solchen Eigentumsanspruches. Doch diese *emancipatio* bezieht sich nun nicht mehr auf den Handel mit marmornen Venusstatuen und ihren lebendigen Ebenbildern, dass heisst nicht etwa auf die Freilassung eines so erworbenen Sklaven, sondern im eigentlichen Sinne einzig noch auf die förmliche, wiederum vor fünf Zeugen vollzogene Entlassung eines herangewachsenen Sohnes aus der *patria potestas,* der „väterlichen Gewalt“.

Die Entwicklung dieser alten *emancipatio* der Söhne aus der Gewalt der Väter zu der neuen Emanzipation der Frauen aus der Gewalt der Männer wäre von diesem Punkt an eine langweilige Wortgeschichte ohne Hakenschläge, wäre da nicht zuletzt der kleine Unterschied, dass wir das Verb „emanzipieren“ in seinem modernen feministischen Sinn nicht mehr transitiv mit einem Akkusativobjekt, sondern nur noch reflexiv gebrauchen können: ich emanzipiere mich, du emanzipierst dich, sie emanzipiert sich… Bei den alten Römern emanzipierte „man“ (und hier wirklich nur „man“!) seine herangewachsenen Söhne; bei den neuen Emmas (nein, nein: die kommen nicht daher; die sehen nur so aus!) emanzipiert „frau“ sich selbst. Ja, möchte man und vielleicht auch frau da fragen: Gibt es denn keine Männer, die ihre Frauen emanzipieren?

Epidemie

Epidemie: Da denken wir auch heute noch zuerst an die Pest, lateinisch *pestis,* dieses buchstäbliche „Verderben", das früher ganze Völker dezimierte, und an andere Menschheitsplagen wie die Pocken oder Blattern, die noch in den siebziger Jahren des 19. Jahrhunderts in Deutschland grassierten, und erst zuletzt an die vergleichsweise harmlose alljährliche Grippewelle. Ursprünglich, in der griechischen Welt und in der klassischen Zeit, hatte die „Epidemie" einen unvergleichlich freundlicheren, ja geradezu heimatlichen und gastfreundlichen Klang.

Das griechische Verb *epidemeín* und das Substantiv *epidemía* sind zusammengesetzt aus der Präposition *epí,* „auf, bei" – wie etwa in „Epigramm", „Epilog" und „Epizentrum" –, und dem Substantiv *démos,* „Volk" – wie etwa in „Demagogie", „Demokratie" und „Demoskopie"; das so zusammengesetzte Wort, das zuerst im 5. Jahrhundert v. Chr. begegnet, bezeichnete anfänglich allgemein einen Aufenthalt „bei einem Volk, bei einer Bürgerschaft", und wie die politischen Verhältnisse damals waren, hiess das: in einem Stadtstaat wie Athen oder Sparta.

So konnte man in Athen von einem Bürger oder auch von einem Fremden sagen: *epidemeí,* „er hält sich in der Stadt auf, ist im Lande", oder umgekehrt: *apodemeí,* „er hält sich ausserhalb der Stadt auf, ist ausser Landes". In den griechischen Stadtstaaten der klassischen Zeit war die Landesgrenze ja nie allzu weit entfernt; da war schon die kurze Reise von Athen zu den Isthmischen Spielen am Isthmos von Korinth oder den benachbarten Nemeen bei Nemea und erst recht ein Besuch der Olympischen Spiele in Olympia oder der Pythien in Delphi eine *apodemía,* eine „Auslandsreise".

In der Antike bezog sich die *epidemía* vornehmlich auf die Anwesenheit eines prominenten Gastes in der Stadt, so in klassischer Zeit auf den

Gastaufenthalt eines Rhetors oder eines Sophisten, die dann für einige Tage oder Wochen in der Stadt blieben und lehrten, in späterer Zeit auf die Visite eines grossen Römers oder auch des Kaisers, die einer Stadt wie Athen ihre Reverenz erwiesen. Hätte das Wort seine Ursprungsbedeutung bewahrt, so sprächen wir heute statt von einem Gastspiel von der „Epidemie" einer gefeierten Opern-Diva bei einem Festival, statt von einem Gastaufenthalt von der „Epidemie" eines frischgekürten Nobelpreisträgers an einem Symposion.

Nun gibt es geladene und ungebetene, willkommene und unwillkommene Gäste, und so konnte diese *epidemía* bereits im klassischen Griechisch, zuerst in den Hippokratischen Schriften, in übertragener Bedeutung auch den Gastaufenthalt einer von Stadt zu Stadt, von Land zu Land ziehenden Krankheit „bei einem Volk" bezeichnen. Eine umfangreiche Sammlung von Krankengeschichten, die sich in den Hippokratischen Schriften erhalten hat, trägt den anschaulichen, anfangs noch bildhaft verstandenen Titel „Epidemien". Doch das blieb vereinzelt; zu einem Terminus technicus der Medizin im modernen Sinne der „Epidemie" ist das Wort in der Antike nicht geworden.

Dazu kam es erst in der Renaissance, als man die Hippokratischen Schriften auch im europäischen Westen wieder auf griechisch las. Damals ist die griechische *epidemía* – nun einzig noch in ihrer engeren medizinischen Bedeutung – zunächst ins Lateinische übergewechselt, wozu das Wort kein Iota ändern musste; so, als lateinisches Fachwort mit lateinischer Endung, erscheint sie fortan auch in der deutschsprachigen medizinischen Literatur. Ein eingedeutschtes „epidemisch" ist im früheren 16. Jahrhundert bei dem berühmten Arzt Paracelsus belegt, eine eingedeutschte „Epidemie" ist erstaunlicherweise erst zwei Jahrhunderte später gefolgt. Doch seither hat sich diese alte *epidemía* weltweit in den neuen Sprachen eingebürgert; das antike Wort hat in der modernen Welt jetzt sozusagen selbst eine *epidemía.*

Europa

Woher hat Europa seinen Namen? Keine Frage: Da war doch einmal dieser Stier mit der Königstochter auf dem Rücken geschwommen gekommen... Ja, so war es: Zeus hatte sich in die Tochter des phönizischen Königs Agenor, die blutjunge, bildschöne Europa, verliebt und sie in Gestalt eines schneeweissen Stiers aus Phönizien übers Meer nach Kreta entführt; und in der Folge hatte diese Europa dem Zeus zwei Söhne, den König Minos und den Richter Rhadamanthys, geboren und irgendwie dem Kontinent und zuletzt auch noch dem Euro (wieso heisst „der" Euro eigentlich nicht „die" Euro?) den Namen gegeben.

Ovid schildert die Entführungsszene in seinen „Metamorphosen": Wie der göttlich verliebte Stier die Prinzessin mit artigen Handküssen und munteren Luftsprüngen zum Spiel verlockt, wie Europa es sich nichtsahnend auf seinem Rücken bequem macht, wie der Gott in Stiergestalt erst spielerisch seine Hufe in den Wellen netzt und dann unversehens mir ihr übers Meer davonzieht: „Da erschaudert sie und blickt, die Entführte, auf den entschwindenden Strand zurück. Mit der Rechten hält sie sein Horn, die andere Hand ist auf seinen Rücken gelegt; flatternd bauscht sich im Wind ihr Gewand."

So, nach Ovid, haben es die alten Meister von Tizian bis Tiepolo gemalt, und so zeichnen es die modernen Euro-Karikaturisten, und sicher zu Recht lassen sie den Stier nicht stiermässig bis zu den Schultern in die Fluten eintauchen, sondern hovercraftmässig darüber hinschweben. Aber vielleicht sind wir mit dieser Europa so oder so auf dem Holzweg.

„Europa" als Bezeichnung für den Erdteil gegenüber Asien oder jedenfalls den Erdzipfel gegenüber Kleinasien begegnet zuerst in dem „Homerischen" Apollonhymnus wohl im 7. Jahrhundert v. Chr. Es lag nahe, diese

Bezeichnung auf die ja doch aus dem Osten in den Westen entführte phönizische Königstochter dieses Namens zu beziehen. Doch schon im 5. Jahrhundert v. Chr. hat der griechische Historiker Herodot, der nüchtern rechnende „Vater der Geschichtsschreibung“, da seine ernsten Zweifel angemeldet: „Von Europa ist weder klar, woher es diesen Namen bekommen hat, noch, wer es war, der ihm den gegeben hat, es sei denn, wir wollten sagen, das Land habe seinen Namen von der phönizischen Europa bekommen. Aber die stammte ja offensichtlich aus Asien und ist niemals in das Land gelangt, das von den Griechen jetzt Europa genannt wird, sondern aus Phönizien nur eben nach Kreta, und von Kreta dann wieder nach Lykien ...“

Gegen Ende dieses 5. Jahrhunderts hat der vielseitig gelehrte Sophist Hippias von Elis die Namen der Kontinente Europa und Asien recht einleuchtend auf zwei Okeanostöchter namens „Europe“ und „Asie“ zurückgeführt, die der frühgriechische Dichter Hesiod um 700 v. Chr. in seiner Göttergenealogie unter drei Dutzend anderen Okeanostöchtern genannt hatte. Aber im Ganzen haben die alten Griechen und so alle Jüngeren dann doch gegen Herodot und gegen Hippias an der phönizischen Europa als der Namensstifterin unseres Kontinents festgehalten. Vielleicht war das einprägsame Bild der von Zeus in Stiergestalt übers Meer entführten Königstochter einfach zu schön, um falsch zu sein.

Griechische Namen sind sprechende Namen; doch der Name der Europa bleibt für uns stumm wie die Fische, die sich damals über diesen liebestollen Expressstier gewundert haben mögen. Denn hätte jene phönizische Königstochter einen griechischen Namen gehabt, so bedeutete er „die Schimmeläugige, die Moderäugige“, und da müssten wir uns ja auch fragen, was für stiere Glotzaugen der Göttervater selbst dann wohl im Kopf gehabt hätte. Nein, in einem so heiklen Fall sagt ein Etymo-Kavalier alter Schule am besten „unerklärt“ oder noch viel besser, da doch viel gelehrter: „vorgriechisch“.

Event

Lausbuben „stellen“ diesen oder jenen Unsinn „an“; Behörden „treffen Anstalten“ zu diesem oder jenem sinnvollen Tun, Veranstalter „veranstalten“ Veranstaltungen. Für allerlei Feld-Wald-und-Wiesen-Veranstaltungen wie eine Opernpremiere oder ein Symphoniekonzert mag das Wort ja schön und gut sein; für echt Unvergleichliches, Unvergessliches, vom Hocker Reissendes wie eine Love-Parade oder ein Open-air-Festival haben wir neuerdings den „Event“.

Der „Event“ figuriert noch nicht in Dudens „Fremdwörterbuch“ von 1990 und auch noch nicht in Dudens „Grossem Wörterbuch der deutschen Sprache“ von 1993. Dafür steht er in jedem englischen Lexikon, verdeutscht erstens als ein „(eintretender oder eben nicht eintretender) Fall“ und zweitens als ein „Ereignis“, prägnant ein „besonderes Ereignis“. Aber so modisch englisch der „Event“ sich gibt und spricht, so ist er doch (fast) prägefrisches Latein.

Wie aus dem Verb *advenire,* „ankommen“, der „Advent“ und aus dem Verb *convenire,* „zusammenkommen“, der „Konvent“, so ist aus dem Verb *evenire,* „herauskommen“, der „Event“ hervorgegangen. Dazwischen steht das lateinische Substantiv *eventus* mit dem Genitiv *eventūs,* eigentlich das „Herauskommen“; in diesem *eventus* hat ja auch unser „eventuell“ in dem Sinne „je nachdem, wie es herauskommt, vielleicht, vielleicht auch nicht“ seinen Ursprung.

Aber wie ist aus diesem lateinischen *eventus,* diesem „Herauskommen“, zunächst der englische *event* alter Schule im Sinne jenes „(eintretenden oder eben nicht eintretenden) Falles“ und schliesslich, *„eventually“,* die neumodische „Event“-Kultur herausgekommen? Die alten Römer hatten offene Augen und Ohren für allerlei Omina, göttliche „Vorzeichen“. Da war es zunächst einmal spannend, welche Vögel vor der Volksversammlung von links oder von rechts her über welche Himmelsquartiere flogen, wie gesund oder krank die Eingeweide der Opfertiere aussahen, was der Feldherr in der Nacht vor der Schlacht Ermutigendes oder weniger Ermutigendes geträumt hatte und ob die Hühner am Morgen ihr Körnerfrühstück frassen oder schnöde liegen liessen. Und dann war es noch einmal spannend, wie die Sache ausging: ob man die Botschaft der Götter richtig gedeutet oder etwa missverstanden hatte.

Auf ein solches gutes oder schlechtes „Herauskommen“, auf einen solchen guten oder schlechten „Ausgang“ eines mehr oder weniger gewagten, riskanten Unternehmens war der lateinische *eventus* gemünzt; wir sagen ja heute noch, eine Sache sei gut oder schlecht „herausgekommen“ oder „ausgegangen“. Und wie vom *eventus* des Unternehmens selbst, so konnte man vom *eventus* eines darauf bezüglichen Omens oder eines Traumes sprechen, und dann bezeichnete das Wort durchweg die „Erfüllung“ dieses Vorzeichens oder dieses Traumes.

Von daher versteht sich leicht der alte englische *event* im Sinne eines gegebenen oder auch nicht gegebenen „Falles“ und im Anschluss daran auch der neueste „Event“ im Sinne einer Veranstaltung der ganz besonderen Art. Schon im klassischen Latein bezog sich der *eventus* vornehmlich auf ein gutes „Herauskommen“; die omengläubigen alten Römer wollten, wenn sie schon von einem glücklichen oder weniger glücklichen „Ausgang“ sprachen, lieber ihr Glück als ihr Unglück herbeireden. So konnte das Wort in dritter, prägnanter Bedeutung geradezu den „Erfolg“ bezeichnen, und da können die Eventkünstler von heute nun guter Dinge sein. *Nomen est omen,* verheisst ein geflügeltes Wort, und das bedeutet hier: „Ein Event ist ein Erfolg ist ein Event ist ein Erfolg ...“

Familie

Die Wörter und was sie bedeuten: Da gibt es kuriose Kapriolen querfeldein über Stock und Stein, aber auch einfaches Sich-Ausweiten und Sich-Einengen. Die lateinische *villa,* in der Antike und so noch in unserer „Villa" ein einzelnes Landhaus, hat ihren Bedeutungsbereich in der französischen *ville* am Ende auf eine ganze Stadt erstreckt. Mit der „Familie", die darin ihr Zuhause hat, ist es gerade umgekehrt gegangen; da ist am Ende – aber fangen wir doch lieber am Anfang an.

Da empfängt uns ein lateinischer *famulus,* ein „Diener", mit deutlich oskischem Akzent: Das Wort war aus Kampanien nach Latium, aus dem Oskischen ins Lateinische gekommen. Der altrömische Dichter Ennius, der sich stolz seiner „drei Herzen" rühmte, eines oskischen, eines griechischen und eines lateinischen, gebraucht sein heimisches *famul* einmal noch ohne die obligate lateinische Endung: *„Mortalem summum Fortuna repente / reddidit e summo regno ut famul infimus esset",* „Den höchsten Sterblichen liess die Glücksgöttin unversehens stürzen, dass er, der höchsten Königsmacht beraubt, der niederste Diener sei". Im Lateinischen bekam dieser schamlos endungslose *famul* dann bald eine anständige Endung verpasst: Da trat neben den männlichen *famulus* zunächst eine weibliche *famula* und bald darauf das Kollektiv: die *familia,* eigentlich die „Dienerschaft" oder, wie die Verhältnisse nun einmal waren, die „Sklavenschaft".

Eine *familia:* Das war im alten Rom ein virtuelles „Haus", nicht eines aus Stein und Holz, sondern eines aus Bürgern und Sklaven, ein kleiner Staat im Staat. Zu einer solchen *familia* gehörten alle, die unter der väterlichen Gewalt eines *pater familias* (so mit dem alten Genitiv), eines „Familienoberhauptes", standen, von dem *pater* und der *mater familias,* ihren unmündigen Söhnen und unverheirateten Töchtern über die Sklavenmannschaft und -frauschaft in Rom und in den „Villen“ bis zu den letzten Arbeitssklaven auf den fernsten Latifundien. Selbst die kinderreichste „Familie“ im modernen Sinne fiel da kaum ins Gewicht: Im römischen Mittelstand konnte eine solche *familia* leicht einige Dutzende oder Hunderte, unter den Grossgrundbesitzern leicht einige Tausende oder Zehntausende Sklaven zählen. Entsprechend meint das lateinische Adjektiv *familiaris* nichts „Familiäres“, sondern das „zum Haus Gehörige“, die „zum Haus Gehörigen“ und besonders die vertrauten Freunde, die in einem Hause ein und aus gehen.

In der Komödie ist hie und da von der Einheirat in eine vermögende oder sonstwie interessante *familia,* in ein vermögendes oder sonstwie interessantes „Haus“, die Rede; Julius Caesar erinnert einmal an die mythische Abstammung der Julier und so auch seiner *familia,* seines „Hauses“, von der Liebesgöttin Venus. Von diesem bildlichen Wortgebrauch, den wir heute gar nicht mehr als bildlich empfinden, ist die spätere Bedeutungsentwicklung ausgegangen. Als mit der Ende der Antike auch das Ende der Sklaverei gekommen war, zog sich der „Staat im Staate“ der antiken *familia* vollends zur Tischgesellschaft der modernen „Familie“ zusammen. Doch in diesem Falle geht es nicht lediglich um eine Verengung der antiken Wortbedeutung: Erst in seiner Beschränkung auf das „Familiäre“ hat das Wort in den neuen Sprachen die menschliche, häusliche Wärme, ja geradezu Herdwärme gewonnen, die sein Wesen heute ausmacht.

Frust

Der „Frustration“ oder kurz dem „Frust“ in einem lateinischen Wörterbuch nachzuspüren, ist alles andere als frustrierend. Da findet sich im guten alten „Georges“ nach dem geläufigen *frustra,* „vergeblich“, ein ganzer Rattenschwanz weniger geläufiger „Frust“-Stichwörter, als da sind: *frustrabilis, frustramen, frustratio, frustrator, frustratorie, frustratorius, frustratus, frustrare, frustrari.* Der zehnstimmige Wörterchor bezeugt es: Die Frustration ist keineswegs ein Modegefühl der Postmoderne, vielmehr eine olle Kamelle, oder sagen wir's klassisch: ein Urhumanum.

Gleich bei dem Komödienschreiber Plautus, um 200 v. Chr., meldet sich die „Frustration“ zu Wort. Im „Amphitryo“ erklärt der Göttervater Jupiter, der in Gestalt des Königs Amphitryon zu Königin Alkmene gekommen war, er werde *„frustrationem maxumam“,* „die grösste Frustration“, über das thebanische Königshaus bringen; in der „Mostellaria“, der „Gespensterkomödie“, verhöhnt ein Sklave seinen Herrn, den er fünf Akte lang übel genasführt hat, er könne mit der Geschichte dieses Tages *„optumas frustrationes“,* die „köstlichsten Frustrationen“, für die Komödienbühne liefern. Da erscheinen die „Frustrationen“ als der Stoff, aus dem diese Komödien sind: als Irrungen und Wirrungen, Intrigenspiel und Illusion. Die TV-Serie „Verstehen Sie Spass?“ lebt von derlei mehr oder weniger spassigen „Frustrationen“. Nicht viel später, im 1. Jahrhundert v. Chr., begegnet die alte *frustratio* dann auch im modernen Sinn des Wortes: „Eine Landwirtschaft ohne Erfolg und ohne Ertrag“, sagt Varro in der Einleitung zu seinem einschlägigen Lehrbuch, sei „keine *agri cultura,* sondern eine *frustratio“.*

Ein sprachsinniger alter Römer wie dieser Varro hat aus dem geläufigen *frustra,* „vergeblich“, und seinen Ableitungen noch das zugrunde liegende

Stammwort *fraus* mit dem Genitiv *fraudis* herausgehört, das im Lateinischen eine üble Täuschung, einen üblen Betrug bezeichnet und mit der „Defraudation" in der prägnanten Bedeutung der „(Zoll-) Hinterziehung" auch in unseren Fremdwortschatz eingegangen ist. Für ihn schwang bei diesen Wörtern neben dem Hauptton der Vergeblichkeit, der „vergebenen", verlorenen Mühe, noch ein Nebenton von hinterlistiger Täuschung und raffiniertem Betrug mit. Von einem, der sich so fleissig wie fruchtlos bemüht hat, irgend etwas zu erreichen, können wir entsprechend sagen, er sei um die Früchte seiner Arbeit „betrogen" worden.

Aber selbst der sprachsinnige alte Varro hat wohl kaum mehr wissen können, dass das Konsonaten-Duo *„-tr-"* in diesem *frustra* und dieser *frustratio* das verhackstückte Überbleibsel eines alten Komparativ-Zeichens darstellt. Hören wir genau hin, so heisst *frustra* nicht einfach „vergeblich", sondern „vergeblicher", ist der Frustrierte nicht einfach „übel betrogen", sondern „übler betrogen". Als was? möchte man da fragen: vergeblicher als gewöhnlich, übler als gewöhnlich im Menschenleben? Wahrscheinlich war das tatsächlich so gemeint; aber vielleicht hören wir da auch nur das Gras wachsen und die Wörter raunen.

Da gibt es noch andere Fragen: Hat die mundfaule Verkürzung der „Frustration" zum „Frust", die dieses Komparativ-*„-tr-"* mitten durchhaut, einfach die neuen Trennregeln vorweggenommen, oder hat die alte, fremde „Frustration" sich mit dieser Selbstverstümmelung unserer guten, alten „Lust" als junges deutsches Paar- und Reimwort an den Hals werfen wollen? „Lust & Frust": das macht sich gut. Aber wie ist es gekommen und was soll es bedeuten, dass die so verhackstückte „Frustration" dabei unversehens ihr weibliches Geschlecht mit dem männlichen vertauscht hat und ganz selbstverständlich als „der" Frust daherkommt?

Fusion

Die Sprache sieht die Zwergen- und die Riesengrössen in eins. Wenn hüben Wasserstoffisotope zu Helium verschmelzen und drüben zwei weltweit engagierte Mega-Multis sich vereinigen, so hat die Sprache für die Teilchenhochzeit im Reaktor und die Elefantenhochzeit der Konzerne über alle Grössenordnungen von den Nano's bis zu den Giga's hinweg ein und dasselbe Wort: Bei beiden sprechen wir von einer „Fusion". Und wie bei der einen gewaltige Energien, so werden bei der anderen beträchtliche „Synergien" frei.

Die Endung verrät es: Hinter der „Fusion" steht eine lateinische *fusio(n),* „Ausgiessung, Verschmelzung"; das auslautende nasalierte „-n" wurde im Lateinischen nicht geschrieben. Doch so alt das Wort auch ist: Jene klassisch-lateinische *fusio* ist in der Antike nicht entfernt so geläufig, nicht entfernt so schlagzeilenträchtig gewesen wie die „Fusion" unseres modernen Euro-Wortschatzes. In der klassischen Literatur ist die alte *fusio* überhaupt nur wenige Male belegt, dann erst wieder in der Spätantike und auch da nur äusserst selten. Völlig geläufig war dagegen das Grundwort *fundere,* „(aus-)giessen, einschmelzen", mit seinem Partizip Perfekt Passiv *fusus,* „(aus-)gegossen, eingeschmolzen".

Dieses Partizip *fusus* und das davon wieder abgeleitete Substantiv *fusio,* „das Giessen, das Schmelzen", geben sich in unserem Fremdwortschatz vielerorts ein Stelldichein. Daher kommt etwa die Blut-„Transfusion", das Blut-„Hinübergiessen", und die französische *infusion,* der „Aufguss", weiter die „diffuse", eigentlich die „auseinandergegossene", unscharf verfliessende Vorstellung, schliesslich die „konfuse", eigentlich die „zusammengegossene" Darstellung. Die „Konfusion" bezeichnet ja wohl bildhaft eine zerebrale Überschwemmungskatastrophe: „Konfusion" gibt es, wenn alle Hirnströme auf einmal über die Ufer treten und ihre Wasser – Synapsen hin, Synapsen her – ineinander fliessen lassen.

Die Schweiz hat zu derlei „Fusionen“ und zumal zu der letztgenannten eine spezielle Beziehung. Zum einen denken wir da an die innige Fusion von rezentem Greyerzer und trockenem Waadtländer, die nach ebenjenem Grundwort *fundere* in einem jungen lateinischen Dialekt auch über die Landesgrenzen hinaus als „Fondue“ bekannt ist. Und zum anderen mag einem da eine tröstliche politische Maxime in den Sinn kommen: *„Confoederatio Helvetica regitur providentia Dei et confusione hominum“,* „Die Helvetische Konföderation wird gelenkt durch die Voraussicht Gottes und die Konfusion der Menschen“. Nein, das ist nicht die Präambel der schweizerischen Bundesverfassung, aber wenigstens die *„providentia Dei“* ist auf jedem Fünffrankenstück beschworen (*„Dominus providebit“,* „Gott wird vorsorgen“). Die *„confusio hominum“* hat solche Beschwörung nicht nötig; die kommt ungerufen über Souverän und Regierung.

Dass der benebelnde „Fusel“ seinen nebulosen Namen von einer „Fusion“ trüber Wässer haben könnte, ist wohl eine Schnapsidee. Aber eine Schulweisheit ist es, dass die „Fusion“ und die „Chemie“, so verschieden sie auch lauten, letztlich auf einem Stamm gewachsen sind. Sie gehen auf eine gemeinsame indoeuropäische Wurzel zurück, aus der im Lateinischen das Verb *fundere,* „giessen“, das Stammwort der „Fusion“, im Griechischen das gleichbedeutende *cheín,* das Stammwort der „Chemie“, und im Deutschen ebendieses „Giessen“ hervorgegangen ist. Und so sagt das Wort es selbst: dass bei so einer Elefantenhochzeit unter Grosskonzernen zuvörderst die „Chemie“ unter den so Fusionierten stimmen muss, wenn diese Mega-Fusion nicht gleich in eine entsprechende Mega-Konfusion führen soll. Und hübsch ist es doch auch, dass ebendieser Stamm zugleich das Stichwort für das Trankopfer liefert, die frischgegossene Fusion noch gehörig zu begiessen.

Gnom

Dass die „Gnomen“, diese zwergenhaften Erd- oder Berggeister, in einem Ort namens Einsiedeln zu Hause sein sollten, das ist zu schön, um wahr zu sein. Immerhin stammt ihr Schöpfer von dort: 1493 ist Theophrastus Bombastus von Hohenheim, der sich nach dem alten Enzyklopädisten Aulus Cornelius Celsus „Paracelsus“, sozusagen „zweiter Celsus“ nannte, in dem Klosterdorf Einsiedeln auf halbem Weg von Zürich nach Schwyz geboren worden. „Dass ich mich keiner Rhetorik noch Subtilitäten berühmen kann“, berühmt er sich später, „sondern nach der Zungen miner Geburt und Landes spreche, der bin ich von Ainsiedeln, des Lands ein Schweizer.“ Also Deutsch und sogar Schweizerdeutsch statt Latein, und tatsächlich hat dieser Paracelsus, als er 1527 zum Stadtarzt von Basel berufen wurde, seine Vorlesungen an der Basler *Alma mater* als erster nicht auf lateinisch, sondern in deutscher Sprache gehalten und die meisten seiner zahlreichen gelehrten Schriften entgegen dem Usus in deutscher Sprache publiziert, ein früher Uni-Reformer ganz im Sinne des modernen „Klopft aus den Talaren den Muff von tausend Jahren ...“

Seine „Gnomen“ freilich hat Paracelsus zunächst in der alten und dann erst in der neuen Sprache aus der Taufe gehoben: mit lateinischer – maskuliner – Endung als *gnomi,* mit deutscher Endung als „Gnomen“. Wer sind diese Paracelsischen „Gnomen“? Merkwürdige Wesen in einer merkwürdigen Lehre. Die vier Elemente Erde, Wasser, Luft und Feuer, lehrte Paracelsus, seien von Legionen je verschieden wirkender, je verschieden benannter dämonischer Geister erfüllt und belebt: die Erde von „Pygmäen“ oder „Gnomen“, das Wasser von „Nymphen“ oder – gleichfalls neu benannten – „Undinen“, „Wellengeistern“, die Luft von „Sylphen“ oder „Silvestren“, „Waldgeistern“, das Feuer von „Salamandern“ oder „Vulkanen“.

„Bergmännlein“ oder „Erdmännlein“ nennt er diese „Gnomen“ auch; Berggeister oder Erdgeister seien es, die im Innern der Erde wirken und werkeln und die Gold- und Silberschätze in der Tiefe hüten, und dies notabene nicht wie leibhaftige Märchenzwerge, die in ihren Felsenhöhlen und Felsenkammern hausen, nein: „Sie gehnd durch gantz Mauren, durch Felsen, durch Stein wie ein Geist ...“

„Wie ein Geist“ sind diese „Gnomen“ auch durch die alten und die neuen Sprachen gegangen. Paracelsus nennt die „Gnomen“, soweit wir sehen, als erster, und als seine Schöpfung geistern sie seither durch die Wörterbücher aller Sprachen; aber die Herkunft des Wortes ist so stockfinster wie das Erdinnere selbst. Steckt in diesen Paracelsischen „Gnomen“, wie vielfach vermutet, ein griechischer *ge-nomos,* ein „Erd-bewohner“? Aber solch ein *ge-nomos* ist in der doch so überaus bildsamen griechischen Sprache kein einziges Mal belegt, und der Ausfall seines langen „e“ – und das heisst hier: einer halben „Erde“ – wäre äusserst unwahrscheinlich. Oder steckt dahinter, wie auch vorgeschlagen, eine weibliche griechische *gnóme,* eine „Einsicht“ im Sinne eines „erkennenden Geistes“? Aber dann müssten daraus statt Bergmännlein und Erdmännlein ja eher Bergweiblein und Erdweiblein geworden sein, oder wenigstens, *sit venia verbo,* hermaphroditische doppeltgeschlechtliche GnomInnen.

Wie auch immer: Im späteren Sprachgebrauch, der die „Gnomen“ schliesslich aus dieser unterirdischen Geisterwelt in die oberirdische Menschenwelt heraufgeholt hat, sind aus den heimlichen Erdgeistern eher unheimliche Kobolde geworden. Bezeichnenderweise kehrt Schneewittchen bei den sieben „Zwergen“ und nicht bei den sieben „Gnomen“ ein, und bezeichnenderweise stellen wir uns Garten-„Zwerge“ und nicht Garten-„Gnomen“ zwischen die Radieschen. Einzig in den vielzitierten „Gnomen“ von der Zürcher Bahnhofstrasse, wo ja unter UBS und Credit Suisse, Trottoir und Tramschienen eine mächtige Goldader durchlaufen soll, sind die heimlichen Erdgeister heimliche Schatzhüter geblieben: Wenn droben in der Schalterhalle die Computer ausgeschaltet und die Lichter ausgegangen sind, treiben drunten in den Tresorräumen diese berüchtigten „Gnomen“ zwischen all den Gold- und Silberbarren ihr nächtliches Wesen, „gehnd durch gantz Mauren, Stahl und Beton wie ein Geist ...“

Homo

Homo Eins oder Homo Zwei? sapiens oder -sexuell? Der Wortgeschichtenschreiber outet sich hier als ein so aktualitätslüsterner wie altertumssüchtiger Hetero; anlässlich der neuerdings auch höchstrichterlich sanktionierten Homo-Ehe ist hier vom Zweiten die Rede: von der jungen „Homosexualität" und der noch jüngeren „Homoerotik". Beide Wörter sind fachsprachliche Neuprägungen des letzten Jahrhunderts, und beide sind Zusammensetzungen aus dem Wörterfundus der Alten Sprachen, allerdings mit einem kleinen Unterschied: In der „Homosexualität" hat sich das griechische *homo-*, „gleich-", mit dem lateinischen *sexus*, „Geschlecht", zu einem griechisch-lateinischen Hetero-Pärchen zusammengefunden, in der „Homoerotik" mit dem geflügelten, pfeilschiessenden Eros zu einem griechisch-griechischen Homo-Pärchen.

„Homo-" ist im Griechischen vieles. In dem einbändigen griechisch-englischen Lexikon von Liddell und Scott füllen die Wörter mit den Vordergliedern *hom(o)-* oder auch *homoio-* gut ein Dutzend engbedruckte Spalten. Von den Wörtern mit dem Vorderglied *homo-* ist vor allem das Adjektiv *homogenés*, „von gleicher Herkunft und Art, homogen", in den modernen Fremdwortschatz eingegangen, im Verein mit seinem Gegenstück *heterogenés*, „von verschiedener Herkunft und Art, heterogen". An diesen bereits Aristotelischen Gegensatz „homogen/heterogen" hat sich neuerdings der Gegensatz „homosexuell/heterosexuell" angeschlossen. Von den Wörtern mit dem Vorderglied *homoio-* – so nach dem Adjektiv *hómoios*, „gleich" – sind die zuerst bei Platon und Aristoteles belegten Zusammensetzungen *homoiopathés*, „gleich empfindend", und *homoiopátheia*, „Gleichheit der Empfindungen", in der modernen „Homöopathie" nochmals neu erfunden worden.

Um des Paradoxes willen sei hier im Vorübergehen erwähnt, dass sowohl diesem *homo-*, „gleich-", als auch dem entgegengesetzten *hetero-*, „anders-", ein und dieselbe indoeuropäische Wurzel *sem*, „eins, gleich", zugrundeliegt. Aber das offenbart sich einzig dem analysierenden Blick des Sprachwissenschaftlers, dessen Sprachprozessor ein solches *sem* nach strengen Lautgesetzen computerschnell in ein griechisches *hom-* oder *he(m)-* verwandelt. Der griechische *héteros* mit dem Vergleichs-Schwanzstück *-teros*, eigentlich der „Eine" von zweien, ist sozusagen der „Eine" verglichen mit dem Anderen oder je nachdem, wie man's sieht, auch der „Andere" verglichen mit dem Einen.

Mitten zwischen derlei *homo-* und *homoio-*Wörtern gibt sich in Dudens „Grossem Wörterbuch der deutschen Sprache" der Homo sapiens, der „vernunftbegabte Mensch", ein Stelldichein, und mit ihm der Homo faber, der mit seiner Technik die Welt verändert, und der Homo ludens, der mit seinem Spiel sich selbst zum Narren hält. Dieser Homo sapiens ist nun wieder reines Latein und hat mit jenem griechischen Homo ganz und gar nichts zu schaffen, ausser dem einen, dass die beiden im Zuge der neumodischen Kürzungslust à la Info und Doku, Demo und Memo, Immo und Agglo zu sogenannten Homonymen geworden sind, zu „gleichen Wörtern" für verschiedene Dinge. Seither verzeichnet Dudens „Grosses Wörterbuch" einen fachsprachlichen Homo Eins, „Vertreter der Gattung der eigentlichen Menschen", und einen umgangssprachlichen Homo Zwei, eben den „Homosexuellen".

Über einer Nachbarspalte schwebt da hell in seiner gläsernen Phiole leuchtend noch der „Homunculus" aus Goethes „Faust", jenes sieben natürliche Generationen vor aller künstlichen In-vitro-Zeugung literarisch generierte „Menschlein". Mit ihm schliesst sich der Kreis; denn wie jener Homunculus ein „kristallisiertes" Retortenbaby aus Faustens mittelalterlichem Bio-Laboratorium, so sind die „Homosexualität" und die „Homo-Ehe" ja synthetisierte Retortenwörter aus dem neuzeitlichen Sprachlaboratorium, und wenn der frischgebackene Doktor Wagner sich da mit Entschiedenheit gegen ein altmodisches Lebensmuster verwahrt: „Behüte Gott! Wie sonst das Zeugen Mode war, erklären wir für eitel Possen!", so passt auch das ja ganz ins Bild.

Idee

Im Advent oder je nach der Perspektive im Weihnachtsgeschäft kommen die teuren Geschenke in die Schaufenster und die tollen Geschenkideen in die Briefkästen. Was für ein armer Tropf ist doch der reichste Knopf ohne eine Geschenkidee! Der Marketing-Manager, der als erster die Super-Geschenkidee hatte, uns phantasielose Weihnachtsmänner und -frauen mit Geschenkideen für alle Kategorien von Verwandten und Bekannten zu beschenken, war ein Helfer in der Not, ein wirklicher Idealist: Nicht an Gold und Geld, an der Idee hängt doch alles.

Die griechische *idéa,* das Wort hinter unserer „Idee", erscheint zuerst im frühen 5. Jahrhundert v. Chr. In ihrem ursprünglichen, eigentlichen Sinne bezeichnet diese *idéa* wie das sprachverwandte *eídos* buchstäblich das „Aussehen", die augenfällige Gestalt eines Menschen oder einer Sache. So preist Pindar den jungen Faustkampfsieger Hagesidamos in seiner 10. Olympischen Ode als in seiner *idéa,* seiner „Erscheinung", schön und mit blühender Jugend geschmückt; so rühmt Sokrates in Platons „Charmides" die *idéa* oder das *eídos* des schönen Titelknaben; und so sagt noch das Matthäus-Evangelium von dem Engel vor dem leeren Grab Jesu, seine *idéa,* seine „Erscheinung", sei wie ein Blitz und sein Gewand weiss wie Schnee gewesen.

In ihrer eigenen frühen Jugendzeit müssen die beiden griechischen Wörter einmal *(w)idéa* und *(w)eídos* gelautet haben; sie sind verwandt mit dem griechischen *hístor,* „Augenzeuge", und seiner *historía,* „Augenschein, Erkundung", mit dem lateinischen *videre,* „sehen", und mit unserem „Wissen", eigentlich einem „Gesehen-Haben": ein mächtiger Wortstamm, der in den neuen Sprachen von allen möglichen „Ideen" und „Idealen" über die „Historiker" und ihre „Wissenschaft" bis hinüber in die „Video"- und „TV"-Branche kräftig ausgeschlagen hat.

Platon hat diese *idéa* und mit ihr das verschwisterte, gleichbedeutende *eídos* zur Platonischen „Idee" erhoben. Sehen wir's mit seinen Augen, so ist die Platonische „Idee" des Kreises der eine wirkliche und wahrhafte Kreis hinter den vielerlei Kreisen, die uns mehr oder weniger kreisrund vor die Augen kommen, das eine unvergängliche Urbild hinter den vielerlei Abbildern, die einer jederzeit hinzeichnen und wieder wegwischen kann. Selbst die mit dem präzisesten Zirkel und der allerfeinsten Mine gezogene Kreislinie ist ja, recht besehen, nur ein kolossales Ringgebirge aus Graphit mit tausend Zicken und Zacken. Kein leibliches Auge hat diese Platonische „Idee" des Kreises je gesehen; doch das geistige Auge sieht sie so klar vor sich, dass noch der eierigste Kreidekreis, den der Mathematiklehrer in der Geometriestunde an die Tafel wirft, die Erinnerung an dieses Urbild des Kreises wachzurufen vermag, ja hinter diesem Urbild selbst vollkommen zurücktritt.

Platons weit ausgreifende Ideenlehre hat die Zeit nicht überdauert; doch ihr Leitwort, die „Idee", hat sich daraus emporgeschwungen: Über die lateinische *idea* und die französische *idée* ist das griechische Wort in der Neuzeit in die höchsten Sphären aufgestiegen und wieder ins Banale abgesunken. Da gibt es politische Ideen wie seit alters die Freiheits-„Idee" oder seit jüngstem die Europa-„Idee"; da gibt es die „fixe Idee", da gibt es die ganz alltägliche gute oder schlechte, glänzende oder verrückte „Idee", dieses oder jenes zu tun oder zu lassen; da gibt es schliesslich das Mini-Mass der „Idee", um die vielleicht eine Suppe zu stark oder zu schwach gesalzen, ein Rock zu kurz oder eine Hose zu lang geraten ist. Tiefer kann ein Wort kaum stürzen: Da ist zuletzt aus dem, was für Platon das Ein und Alles war, ein Fast-Nichts geworden.

Eine einschlägige „Idee" attisches Salz, die eben fünf griechische Wörter ausmacht und doch leicht fünfzig Geschenkideen aufwiegt, sei diesem Buchstabensüppchen hier noch beigegeben. Diogenes Laërtios hat sie uns in dem Riesensalzfass seiner Philosophenbiographien überliefert: „Wenn Sokrates über den Markt ging, sagte er immer wieder, auf die Überfülle der dort angebotenen Waren hinblickend, im Stillen zu sich: 'Wie viele Dinge gibt es doch, die ich nicht brauche!'"

Juli

Jahr für Jahr ist Juli, Juillet, Luglio, Julio, Julho, July, Ijul etc. etc.: weltweit der Monat Gaius Julius Caesars, und das mittlerweile zum zweitausendundsoundsovielten Mal. Im Frühjahr 45 v. Chr. hatte Caesar nach Pompeius „dem Grossen“ auch dessen minder grosse Söhne noch besiegt; in der Folge schickte er sich an, wie den alten Kalender so die ganze Republik zu julianisieren. Als er dabei kurzerhand dreihundert zuverlässige Parteigänger in den Senatorenrang erhob, darunter eine Reihe frischgebackene römische Neubürger, ja selbst „Halbbarbaren“ aus den gallischen Provinzen, sprayten Spötter an die Wände: „Keiner soll sich bereit finden, einem neuen Senator das Rathaus zu zeigen!“

Kein Wunder, dass dieser Senat dem Sieger willfährig huldigte. Er verlieh ihm das Konsulat auf zehn Jahre, die Dictatur auf Lebenszeit. Sodann die Ehrentitel: *Imperator, Liberator,* „Befreier“, *Pater Patriae,* „Vater des Vaterlandes“. Dazu die Accessoires: die Purpurtoga des Triumphators, den goldenen Ehrensessel, den frischen Lorbeerkranz des Jupiter – der soll Caesar speziell willkommen gewesen sein, seine so ganz unjoviale Glatze zu bedecken. Schliesslich die Vergöttlichung: eine Statue mit der Inschrift „Dem unbesiegten Gott“, eine Statue auf dem Kapitol Seite an Seite mit den römischen Königen …

Ehrungen über Ehrungen, ein fortwährendes grandioses Feuerwerk, in dessen Schlussbukett Ende 45 oder Anfang 44 v. Chr. auch die Erhebung des Geburtstags des Dictators am 13. *Quintilis,* seither Juli, zum staatlichen Feiertag erscheint. Sueton lässt den Katalog der Ehren in der Umbenennung des *Quintilis,* des „fünften“ Monats nach dem altrömischen Jahresbeginn am 1. März, in den *Julius,* den „Julischen“ Monat, gipfeln: Hatte er wohl ein Gespür für das, was überdauern sollte?

Julius Caesar wurde an den Iden des März, am 15. März 44 v. Chr. ermordet; er hat seinen ersten „Juli“, den des Jahres 44, nicht mehr erlebt. In zwei Briefen Ciceros an den vertrauten Freund und Verleger Atticus hat dieser „Juli“ für uns seinen ersten Auftritt, damals noch als ein heisses Politikum. Wenige Tage nach den Iden des März war in Rom die Stimmung gegen die Caesarmörder umgeschlagen. Brutus und die Mitverschwörer waren geflohen; auch Cicero setzte sich aus der Hauptstadt und dem nahegelegenen Tusculanum ab.

Am 7. Juli langte er in Begleitung seines Neffen Quintus in seinem Puteolanum nahe Puteoli, heute Pozzuoli, an; durch Eros, den geflügelten und wohl nicht unansehnlichen Briefboten des Atticus, erfuhr er dort von der Ankündigung der Apollofestspiele für den „Juli“ statt für den *Quintilis*. Am folgenden Tag suchte er Marcus Brutus auf, der auf der küstennahen Katerinsel Nesis, heute Nisida, noch auf einen neuerlichen Stimmungsumschwung zugunsten der Verschwörer hoffte. Unterwegs schreibt er sich seinen jüngsten Ärger von der Seele: „Cicero dem Atticus seinen Gruss. An den Nonen des *Quintilis* (am 7. des Monats) bin ich auf mein Puteolanum gekommen. Am Tag darauf, unterwegs zu Brutus nach Nesis, habe ich dieses geschrieben. Aber noch an dem Tag, an dem ich gekommen war, brachte Eros mir beim Essen Deinen Brief. Wirklich? An den Nonen des ‘Juli’? Die Götter, beim Hercules, sollen denen . . .! Aber man kann sich ja den ganzen Tag empören. Kann irgendetwas schmählicher sein als für Brutus dieser ‘Juli’? . . . Ich kenne nichts. . . .“

Auch in Ciceros zweitem Brief, zwei Tage später, steht der Ärger der beiden Republikaner über diesen „Juli“ obenan: „Cicero dem Atticus seinen Gruss. So, wie ich Dir gestern berichtet habe, oder vielleicht erst heute – Quintus sagte nämlich, er könne erst am zweiten Tag bei Dir sein –, bin ich nach Nesis übergesetzt, am 8. Tag vor den Iden (zugleich am 8. des Monats). Dort war Brutus. Wie hat ihn dieser ‘Juli’ geschmerzt! Er ist ganz wunderlich verwirrt. Er werde nun also schreiben, sagte er, dass man wenigstens die Tierhetze, die am Tag nach den Apollofestspielen stattfinden soll, für den 2. Tag vor den Iden des *Quintilis* (den 14. des Monats) ankündigen solle. . . .“

Kandidat

Im alten Rom, wo alljährlich im Herbst die Konsuln und die übrigen Magistraten neu gewählt wurden und alljährlich mit dem Anfang des Amtsjahrs am 1. Januar sozusagen die Regierung wechselte, gab es keine „Wahljahre“: einfach, weil jedes Jahr schon wieder Wahljahr und das ganze Jahr fortwährend Wahlkampf war. Sogleich nach dem Wahltag, noch ehe die frischgewählten designierten Konsuln ihr Amt angetreten hatten, setzte bereits der Wahlkampf um die Nachfolge der Nachfolger ein. Die *ambitio,* das „Herumgehen“, und die *prensatio,* das „Händeschütteln“, der Wahlkandidaten nahm kein Ende; Cicero bemerkt einmal in einem Brief an Atticus, er habe mit dem „Händeschütteln“ für sein Konsulat schon anderthalb Jahre im voraus begonnen, um hinter der *praepropera prensatio,* dem „voreiligen Händeschütteln“, eines proaktiven Konkurrenten nicht zu weit zurückzufallen.

Der Bewerber um ein hohes Staatsamt wie zumal das Konsulat kleidete sich seit alters in die *toga candida* oder kurz *candida,* in die „strahlende, glänzende Toga“; nach dieser mit Kreide auf Hochglanz gebrachten Toga, wie sie auch sonst hie und da als Festgewand getragen wurde, hiess der Wahlbewerber *candidatus,* der „in die *toga candida* Gekleidete“. Das Besondere an dieser *toga candida* war nicht so sehr ein makelloses Weiss als vielmehr ihr strahlender Glanz. Die *toga alba,* die alltägliche „weisse“, wenn auch gewiss nicht waschmittelweisse Toga wurde durch fein aufgetragene und ausgeglättete Kreide zur hellglänzenden Festtags- und Wahlkampftoga veredelt – eine augenfällige Tracht, die den Kandidaten nicht nur aus der Menge der übrigen Togaträger auf dem Forum heraushob, sondern ihn symbolträchtig zu einem von Kopf bis Fuss „strahlenden, glänzenden“ Wahlkampf-Star erhöhte.

Schon die Antike hat das Wort von der politischen Anwartschaft eines rührigen Wahlkämpfers hie und da auf allerlei andere Anwartschaften übertragen. So ist einmal die Rede von einem vielverheissenden „Kandidaten nicht nur für das Konsulat, sondern für die Unsterblichkeit", ein andermal von einem vielversprechenden Enkel als einem „Kandidaten für die Redegewalt seines Grossvaters", und einmal begegnet da sogar eine weibliche, gewiss nie in die *toga candida* gekleidete *candidata*, eine Anwärterin auf ein Priesterinnenamt.

Mittlerweile heissen alle Wahlkandidaten und -kandidatinnen ungeachtet ihres mittelmausgrauen oder mitternachtsblauen Anzugs, ihres schwarzen, blau-gelb gepunkteten, roten oder grünen Kostüms eben „Kandidaten" und „Kandidatinnen", und da reicht das Spektrum von der Präsidentschaft der Vereinigten Staaten von Amerika bis zur Präsidentschaft des Kegelklubs von Kleinkleckersdorf. Von der politischen Ochsentour ist das Wort zunächst auf die akademische Ochsentour übergesprungen, zu den Examens-„Kandidaten", die da zwischen Durchkommen oder Durchfallen hangen und bangen; und von diesen universitären „Kandidaten" ist der strahlende Titel in jüngster Zeit noch weiter auf die televisionären „Kandidaten" übergegangen, bei deren Ambitionen es gleich in den allerersten Quizsendungen und Ratespielen um nichts Geringeres als um „Alles" oder „Nichts" ging.

Von der altehrwürdigen Toga und der glanzverleihenden Kreide ist da nicht mehr viel geblieben. Was wohl die modernen Wahlkampf-„Kandidaten" mit der Kreide machen? Ob sie die wohl, wie der Wolf bei den sieben Geisslein, vor dem Wahlkampfauftritt einfach schlucken?

Kardinal

Klar, dass die rotbehelmbuschten Kardinäle ihren Namen von den rotbehüteten Kardinälen haben; aber wie steht es mit den Kardinaltugenden und wie mit den Kardinälen selbst? Die gefiederten Kardinäle, eine Unterfamilie der Finken, sind in der Neuen Welt zu Hause, die beiden anderen in der Alten: *Cardinales virtutes,* „Kardinaltugenden", und *cardinales episcopi,* „Kardinalbischöfe" oder kurz „Kardinäle", sind seit Spätantike und Frühmittelalter bezeugt, und das lateinische Handwörterbuch erklärt sie als „Haupttugenden" und „Hauptbischöfe".

An dieser Ecke verlocken die „Kardiologen", die „Herzwissenschaftler", und ihre „Elektrokardiogramme", wortwörtlich ihre „Bernsteinherzschriften", auf einen Holzweg. Aber Haupt und Herz sind dann doch verschiedene Dinge; die „Kardinäle" und die „Kardiologen" verbindet nichts als eine Zufallsnachbarschaft im Alphabet. Die „Kardiologen" stammen aus der Sprache des grossen Hippokrates, hinter ihnen steht die griechische *kardía,* das „Herz"; die „Kardinäle" stammen aus der Sprache der römischen Päpste, hinter ihnen steht der lateinische *cardo* mit dem Genitiv *cardinis,* die „Türangel". Wozu anzumerken wäre, dass antike Türen nicht wie die modernen mit Scharnieren an der Seite angeschlagen, sondern oben und unten eingehängt wurden, mit je einem Zapfen in der Schwelle und im Türsturz; bei den römischen Schreinern und Schlossern hiess der Zapfen *cardo masculus* und die Pfanne in Schwelle und Türsturz entsprechend *cardo femina.*

Aber was auf Erden und im Himmel hat ein Kardinal mit einer männlichen oder gar mit einer weiblichen Türangel zu schaffen? Nichts mit einer irdischen; der Weg von der Türangel zum Kardinal führt über die himmlischen Zapfen und Pfannen des Ptolemäischen Weltsystems. Das geozentrische Weltmodell der Antike liess die sieben Planetensphären und zuäusserst die Fixsternsphäre täglich einmal um die im Weltmittelpunkt ruhende Erde kreisen; die beiden Drehpunkte im Norden und Süden, um welche die Fixsternsphäre sich drehte, in denen sie sozusagen aufgehängt war, hiessen im Griechischen *póloi,* „(Himmels-) Pole", im Lateinischen *cardines,* „(Himmels-) Angeln". Offenbar ist es Cicero gewesen, der das griechische Wort in seiner Übersetzung der Arateischen „Phainomena", eines astronomischen Lehrgedichts, als erster so anschaulich verdolmetscht hat.

Von einer irdischen Türangel, selbst von der Schwelle des Lateran, hätte sich unser *cardo* wohl kaum so hoch emporschwingen können; doch von dieser himmlischen Welt-Angel, um die Sonne, Mond und Sterne sich drehen, war es ein Katzensprung ins Kardinalskollegium. Einige Jahrhunderte nach dem *cardo* war auch das Adjektiv *cardinalis* von der Haustür in den Himmel aufgestiegen; fortan deutete es auf die „kardinalen" Angelpunkte, um die sich alles Übrige dreht, so seit der Spätantike zumal auf die vier „Kardinaltugenden" und in der Folge auf die „Kardinalbischöfe" oder kurz „Kardinäle". Die Grammatiker haben sich das Wort noch für ihre *cardinales numeri,* ihre „Kardinalzahlen", zunutze gemacht, und mittlerweile können wir ja allgemein von einer „kardinalen Frage" oder einem „kardinalen Problem" sprechen.

Kein Wunder, dass dieses Angelwort *cardo* uns hier einmal im Kreis herum geführt hat: von den „Haupttugenden" und den „Hauptbischöfen" zu den römischen Türangeln, von den irdischen Haustür-Zapfen und -Pfannen zu den himmlischen Sphären-Zapfen und -Pfannen und von diesen wieder zu den „Kardinaltugenden" und den „Kardinälen". Da bleibt nur noch nachzutragen, dass auch die gefiederten Kardinäle aus der Neuen Welt ihre eigene heilige Rangordnung haben: Einen dieser bunten Finken hat ein zoologisches Konklave – wer weiss, in welcher Cappella Sistina und um welcher Verdienste willen – zum „Papstfinken" *(Passerina ciris)* erwählt.

Karte

Kaum ein Tag, an dem uns nicht irgendwelche „Karten“ in die Hand oder unter die Augen kommen: Fahrkarten oder Flugkarten, Kreditkarten, Eintrittskarten, Ausweiskarten, Landkarten, Ansichtskarten, Speisekarten, Weinkarten, Spielkarten und wer weiss, welche noch. Früher gab es auch einmal gelochte und ungelochte Karteikarten; in so einer Kartei waren die Karten ganz unter sich, bis die elektronischen Dateidaten den papierenen Karteikarten einmal die rote Karte gezeigt haben.

So weitgefächert die Bedeutungsvielfalt, so geradlinig ist die Lautgeschichte unserer „Karte“: Dahinter steht zunächst eine mittelhochdeutsche *karte,* dahinter wieder eine altfranzösische *carte,* dahinter wieder eine lateinische *c(h)arta,* dahinter wieder ein griechischer – und übrigens männlicher – *chártes,* und dahinter schliesslich verliert sich die Spur des Wortes in den unüberschaubaren Papyrusdickichten des ägyptischen Nildeltas.

Wo in grossem Stil interessante Waren exportiert und importiert werden, fahren in der Regel ein paar interessante Wörter als blinde Passagiere mit. So ist mit den unzähligen Schiffsladungen von Papyrusballen, die von Ägypten in die ganze Mittelmeerwelt hinausgingen, neben dem „Papyrus“ auch die „Karte“ aus Ägypten ins Griechische und Lateinische gekommen und schliesslich in die neuen Sprachen eingegangen: Aus dem griechischen *pápyros* ist am Ende unser „Papier“, aus dem *chártes* unsere „Karte“ geworden.

Der *pápyros* bezeichnete die übermannshohe, üppig wuchernde Papyrusstaude, der *chártes* das daraus gefertigte Papyrusblatt oder die Papyrusrolle. Der ältere Plinius hat die Verarbeitung in seiner enzyklopädischen „Naturgeschichte“ beschrieben: Das fasrige, saftige Mark der Papyrusstauden wurde in dünne, lange Streifen geschnitten; die Streifen wurden in einer senkrechten und einer waagerechten Lage übereinandergelegt, die Lagen aufeinandergepresst und so mit dem eigenen Saft verklebt; die einzelnen rechteckigen Blätter wurden getrocknet und geglättet und allenfalls zu langen Rollen aneinandergeklebt.

In der Spätantike ist der stete Zustrom dieser feineren und gröberen, kleineren und grösseren Papyrusblätter und -rollen allmählich versiegt. An ihre Stelle trat das aus Schafs- oder Ziegenhäuten hergestellte, nach der Bibliotheksstadt Pergamon benannte Pergament. Die beiden blinden Passagiere sind erfolgreich mit der Zeit gegangen: Der *pápyros*, lateinisch *papyrus*, bezeichnet seit dem Mittelalter das von den Chinesen aus Lumpen gewonnene, von den Arabern an den Westen vermittelte Papier; der *chártes,* lateinisch *c(h)arta,* hat sich nach Papyrus, Pergament und Papier jüngst noch auf den Kunststoff eingelassen, und auf alle Formate vom Kreditkartenformat aufwärts: Es gibt Landkarten, die gehen auf keine Kuhhaut.

Und auf keine Kuhhaut geht auch, was da sonst noch alles dranhängt: Die Verwandtschaft von „Karte" & „Karton" reichte bei den alten Artilleristen über italienisch *cartuccia, cartoccio,* französisch *cartouche* zur pulvergefüllten Karton-„Kartusche", über italienisch *cartaccia* zur bleigefüllten Karton-„Kartätsche", und sie reicht heute zur pergamentenen „Charta der Vereinten Nationen", zu den papierenen „Charter"-Frachtbriefen und im Anschluss daran zu den „Charter"-Flugreisen und schliesslich über italienisch *cartello,* französisch *cartel* bis zum marktbeherrschenden, preistreiberischen „Kartell". Auch das ist eigentlich nur ein „Kärtchen" mit ein paar Buchstaben und Zahlen darauf, sagen wir: das Visitenkärtchen, auf dessen Rückseite die Mineralöl-Mega-Multis beim Apéro im Séparée den Benzinpreis akkordieren.

Kartoffel

Schön wär's, wenn die Trüffelschweine in der Toskana oder im Périgord sich plötzlich aufgeregt quiekend auf einen gewöhnlichen Kartoffelacker stürzten und da statt der gewöhnlichen Kartoffelknollen *(Solanum tuberosum)* lauter edle Trüffelknollen *(Tuber brumale* oder *melanosporum)* zutage förderten. Schön wär's – aber so schön ist's ja wirklich, wenn ein philologischer Trüffelhund auf dem wortgeschichtlichen „Kartoffel"-Acker zu schnüffeln anfängt: Da muss er seine Spürnase gar nicht so tief in die Lexika stecken, um sogleich auf die herrlichsten italienischen oder französischen Trüffeln zu stossen.

Die Geschichte der „Kartoffel" beginnt um die Mitte des 16. Jahrhunderts, als die fremde Knolle in der Kriegsbeute der spanischen Konquistadoren aus Südamerika nach Europa kam, zunächst auf die iberische Halbinsel und ins Burgund, dann weiter nach Italien. Mit der exotischen Knolle ist ihr indianischer, genau: ihr haïtischer Name *patata* alias *batata* in den europäischen Sprachen heimisch geworden; daher heisst die Kartoffel von Anfang an im Spanischen und Portugiesischen *patata* beziehungsweise *batata* und später auch im Italienischen *patata* und im Englischen *potato.*

Soweit ist von Trüffeln noch nichts zu sehen und noch nichts zu riechen. Doch als die Kartoffel im späteren 16. Jahrhundert in Italien Einzug hielt, ist der Name der Trüffelknolle, des *tartufolo,* auf die ähnlich aussehende und anfangs ja auch ähnlich exklusive Kartoffelknolle übergegangen, und unter diesem Namen ist die Exotin aus der Neuen Welt dann auch über die Alpen in die deutschsprachigen Länder weitergezogen. Das Italienische ist später wieder zur ursprünglichen *patata* zurückgekehrt; im Deutschen dagegen hat sich statt des indianischen das italienische Wort eingebürgert; da begegnet uns im 17. Jahrhundert zunächst eine *tartoffel* und bald darauf

– mit einer so genannten „Dissimilation“ des anlautenden „T“ zum „K“ – die uns vertraute „Kartoffel“.

Ein ordentliches Trüffelschwein gibt sich nicht mit der ersten Knolle zufrieden, und ein ordentlicher philologischer Trüffelhund erst recht nicht. Wenn wir hier weiterschnüffeln, stossen wir gleich hinter dem italienischen *tartufolo,* „Trüffel“, auf ein klassisch-lateinisches *terrae tuber,* eigentlich: „Erdauswuchs“. Das Substantiv *tuber,* dessen Verkleinerungsform in der „Tuberkulose“ fortlebt, bezeichnete eine Beule, eine Schwellung, einen Auswuchs, einen Höcker; die Bezeichnung der Trüffeln als *terrae tuber,* „Erdauswuchs“, deutet auf die in der Antike verbreitete Ansicht, dass diese Trüffeln nicht aus einem Samen, sondern unter der Wirkung heftiger Gewitter aus der blossen Erde hervorgehen.

Dieses bildhafte *terrae tuber,* dieser „Erdauswuchs“, ist wie im Italienischen zum *tartufolo,* so im Französischen zur *truffe* zusammengeschnurrt; und wie aus jenem *tartufolo* im 17. Jahrhundert die „Kartoffel“, so ist aus dieser *truffe* alias *truffle* im 18. Jahrhundert die „Trüffel“ ins Deutsche gekommen. Zwei Wege, zwei Wörter, zwei Welten: Weder im Alphabet des Wörterbuchs noch in den Regalen des Supermarkts stehen die beiden heute noch beieinander. Der exklusiven „Trüffel“ mag es durchaus recht sein, dass ihre alte Namenspatenschaft für die exotische „Erdknolle“ so völlig in Vergessenheit geraten ist. Sie hat sich neuerdings eine andere, feinere Patenschaft zugelegt: für die wenn schon nicht grammweise, so doch auch nicht sackweise, sondern immerhin stückweise gehandelten Schokoladen- oder Champagnertrüffel.

Klient

Der Geschäftsmann hat seine Kunden, der Arzt seine Patienten, der Anwalt seine Klienten. Die Ersten sind eigentlich die mit Namen und Nase bekannten Stammkunden, von denen das Geschäft sozusagen „Kunde" hat. Arzt und Anwalt haben ihre Kundschaft aus dem alten Rom: Die „Patienten", nach dem lateinischen Verb *pati,* „leiden", sind eigentlich die „Leidenden"; die „Klienten", nach dem Verb *cluere,* „hören", sind ursprünglich die „Hörigen": Das altlateinische Partizip *cluens* erscheint im klassischen Latein als *cliens* mit dem Genitiv *clientis.*

Die römische Gesellschaft war gegliedert in den politisch engagierten Senatorenstand, den wirtschaftlich engagierten so genannten „Ritterstand" und die *„misera plebs",* das „armselige Volk". Quer durch die Stände liefen die seit alters erblichen Klientelverhältnisse zwischen einem „väterlichen" Patronus und der auf ihn „hörenden" Klientel, die bei hohen Herren leicht nach Dutzenden und Hunderten zählen konnte. Aus dem längst obsoleten „Hörigen"-Verhältnis war in historischer Zeit ein traditionelles Treueverhältnis hervorgegangen, das mit seinen vielerlei Diensten und Gegendiensten beiden Seiten zugute kam.

Die Patrone schuldeten ihren Klienten Rechtsberatung und -vertretung, von der Abfassung des Testaments über den Heiratsvertrag für die 15jährige Tochter – das war das übliche Heiratsalter – bis hin zur Führung eines Prozesses; zugleich berieten sie die weniger Erfahrenen in wirtschaftlichen und finanziellen, vielfach auch in persönlichen Fragen. Die Klienten taten das Ihre, sich zu revanchieren: Als Wahlhelfer – im alten Rom war ja alle Jahre Wahlkampf – warben sie für ihren Schutzherrn oder dessen Wunschkandidaten; wenn er vor Gericht plädierte, mischten sie sich als lautstarke Claque unter die Zuhörerschaft; nach einem Auftritt im Senat begrüssten sie ihn auf dem Forum und gaben ihm ein prestigeträchtiges Geleit durch die Stadt nach Hause. Die Klienten vermerkten es stolz und dankbar, wenn ihr Schutzherr bei einer Familienfeier zum Gratulieren hereinschaute, und wenn der selbst etwas zu feiern hatte, durfte er von ihnen ein vielstimmiges *„Vivat, crescat, floreat"* erwarten.

Die erste Stunde des Tages gehörte traditionsgemäss der Klientel: Jeweils gleich nach Sonnenaufgang versammelten sich die Klienten – alle in der dazu obligaten, mehr oder weniger ordentlichen Toga – im Atrium des Patronus. Da hatte der Hausherr Gelegenheit, seine Wünsche anzumelden, und da konnten die *togati,* wie man diese Frühaufsteher in der Toga spöttisch nannte, ihren Patronus um Rat und Beistand angehen. Zum Abschluss dieser Morgenvisite drückte der Chef vom Dienst den Bedürftigeren unter den Klienten ein kleines Taggeld (und gegebenenfalls auch einmal eine Second-Hand-Toga) in die Hand; das sicherte dem Patronus allmorgendlich ein ansehnlich gefülltes Atrium und diesen Klienten das tägliche Brot.

Tempora mutantur: Diese Klientelverhältnisse, die beiden Seiten offenkundig manchmal auch recht lästig fielen, sind nun längst Geschichte. Doch das Wort markiert den alten Bezug zwischen Patronus und Klienten: Um dieser „väterlichen" rechtlichen und wirtschaftlichen Beratung willen haben die Rechtsanwälte und Wirtschaftsberater bis heute ihre „Klientel" und ihre „Klienten", und da mag der Name dieser „Hörigen, Hörenden" jetzt als ein gutes Omen gelten: Seien es Ratsuchende, die zuhören können!

Klima

Wird es wärmer auf der Erde? So warm, dass die Polkappen zum Schmelzen und die Eisbären ins Schwitzen kommen? Zwischen dem Makro-Klima unserer Bio-Sphäre rund um den Planeten und dem künstlich geregelten Mikro-Klima unserer Auto-Sphäre liegen Welten, und weder das eine noch das andere ist noch ein „Klima" im eigentlichen Sinn. „Klimata", wie der griechische Plural lautet, oder eher „Klima-Zonen", „Klima-Gürtel", hat es ursprünglich nur fünf gegeben: das arktische, das gemässigte und das tropische Klima und wieder das gemässigte und das antarktische Klima. Dem eigentlichen Wortsinn nach geht es da gar nicht um Kalt und Heiss und Feucht und Trocken, sondern um Vertikal und Horizontal und die Schräglagen dazwischen.

Hinter unserem „Klima" steht das griechische Verb *klínein,* „neigen", das in der grossen indoeuropäischen Sprachenfamilie mit unserem Verb „lehnen" verwandt ist. Die aus diesem Stamm *klin-* hervorgegangenen griechischen Wörter sind allesamt sozusagen schräge Vögel: Die „Klimax", die „Leiter", die mit ihrer rhetorischen Bedeutung der „Steigerung" und „Übersteigerung" ja auch im Fremdwörterbuch steht, ist eigentlich eine schräg an die Wand „Angelehnte"; die „Klinen", auf denen die Griechen und nach ihrem Vorbild dann auch die Römer sich zum Essen und Trinken niederliessen, sind eigentlich schräge „Lehnen", und auf den gleichen Neunzig-Grad-Schwenk aus dem aufrechten Gang in die Liege-Lage bezieht sich das fachsprachliche Adjektiv *klinikós,* „bettlägerig", das durch die „Klinik" und alles „Klinische" in den modernen Sprachen fortlebt. Im 1. Jahrhundert n. Chr. hat der ältere Plinius in seiner enzyklopädischen „Naturgeschichte" als erster von einer *kliniké (téchne)* gesprochen, einer „klinischen (ärztlichen Kunst)", die speziell den für einige Zeit ans Bett gefesselten Kranken zu helfen sucht, und im folgenden Jahrhundert begegnet bei dem aus Pergamon gebürtigen, in Rom praktizierenden griechischen Arzt Galen erstmals ein *klinikós (iatrós),* ein „klinischer (Arzt)", ein „Kliniker", der sich auf die Behandlung bettlägeriger Patienten spezialisiert hat.

Und das „Klima"? Das griechische *klíma* bezeichnet eigentlich eine „Neigung", zunächst im allgemeinen Sprachgebrauch die Neigung irgendeines Abhangs, irgendeines Gefälles gegenüber der Horizontalen, sodann in der griechischen Geographie die Neigung der einfallenden Sonnenstrahlen zu dieser Horizontalen und die entsprechenden „klimatischen" Verhältnisse. In den Tropen zwischen den Wendekreisen, wo die Sonne nahezu senkrecht vom Himmel herabbrennt, herrscht ein heisses tropisches „Klima"; in unserer gemässigten Zone, wo die Strahlen mehr oder weniger schräg einfallen, geniessen wir ein angenehmes gemässigtes „Klima"; die arktische und die antarktische Zone, in der die Sonne noch tiefer am Himmel steht und ihre Strahlen noch flacher einfallen, haben ein entsprechend kaltes arktisches oder antarktisches „Klima".

Von der alten Geographie ist das Wort in jüngster Zeit ins Politische und Wirtschaftliche übergewechselt; so reden wir etwa von einem Verhandlungs-„Klima", einem Arbeits-„Klima" oder einem Betriebs-„Klima". Da kann es dann auch in unserer wohltemperierten Zone einmal tropischhitzig oder arktisch-frostig zugehen, und da hilft dann kein Dreh an der Klimaanlage. Aber hübsch ist es doch zu sehen, wie das Wort in dieser modernen Übertragung wieder zu seiner griechischen Ursprungsbedeutung zurückgefunden hat: Auch bei diesen menschlichen, allzumenschlichen Klimata geht es ja um An-„lehnung" und Ab-„lehnung", um Zu-„Neigungen" und Ab-„Neigungen" unter den Verhandlungspartnern oder den Arbeits- und Betriebskollegen.

Ein Postskriptum: *Árktos* heisst auf griechisch „Bär"; der „arktische" und der „antarktische" Pol hatten für die alten Griechen noch sprechende Namen. Ja – wussten die denn überhaupt, dass da schneeweisse Eisbären auf riesigen Eisschollen durch die eiskalte Polarnacht treiben? Natürlich nicht, aber der geneigte Leser ahnt es: die Arktis hat ihren Namen nicht von den Bären auf dem Treibeis, sondern von dem Grossen und dem Kleinen Bären am Himmel darüber: Sie ist die Region unter den verstirnten Bären wie die Ant-Arktis die Region „gegenüber" diesen Bären.

Koalition

„Das Fell wird geschoren und bedruckt und unter der falschen Bezeichnung 'Wombat' gehandelt" – nein, das kann doch nicht sein, und das ist auch nicht so; da haben wir uns im „Brockhaus" im Stichwort vertan: Das mit dem geschorenen Fell und dem Etikettenschwindel betrifft nicht die „Koalition" und schon gar nicht den kleineren Partner, sondern vielmehr den „Koala" oder „Beutelbär", dessen Name mit der Koalition zweier Regierungsparteien ganz und gar nichts zu schaffen hat und der ja auch nicht so heisst, weil er von irgendwelchen anderen gebeutelt wird, sondern weil die Koalabärin ihre neugeborenen Kleinen in den Beutel steckt.

Die „Koalition" ist offensichtlich lateinischen Ursprungs und aus drei lateinischen Parteien zusammengesetzt: Da steht am Anfang das Kopfstück „Kom-", „Zusammen-", hier wie in der „Koedukation", der „Koexistenz" oder der „Kooperation" vor dem Vokal nasaliert gesprochen und entsprechend „Ko-" geschrieben; da haben wir in der Mitte den Verbalstamm „al-", „ernähren, aufziehen; sich nähren, aufwachsen", der sich auch in den „Alimenten" und der „Alimentation" erhalten hat; und da steht am Ende das Schwanzstück „-tion" für die mit dem Verb bezeichnete Handlung oder das, was dabei herauskommt: Eine „Koalition" ist ein „Zusammenwachsen" oder das, was dabei herauskommt. Da sind wir nun schon fast wieder bei den kleinen Koalas, die der grosse Koala in seinen Beutel steckt, aber das ist reiner Zufall.

Wer freilich im zweibändigen „Georges", diesem „Ausführlichen lateinisch-deutschen Handwörterbuch", unter *coalitio* nachschlägt, stösst auf eine Fehlanzeige. An ihrer Stelle findet sich dort zunächst nur eine parallele Bildung: ein vereinzelter spätantiker *coalitus* mit dem Genitiv *coalitūs* in der Bedeutung „Zusammenschluss, Vereinigung". Zu dem anderen sprachlichen Zusammenschluss mit dem Schwanzstück *-tio,* zu einer *coalitio* in entsprechender Bedeutung ist es erst Jahrhunderte später im hohen Mittelalter gekommen. Aber dafür hat sich diese mittellateinische *coalitio* im gemeinsamen Wortschatz der neuen Sprachen umso kräftiger behauptet, ja, sie ist eigentlich erst im parlamentarischen politischen Leben der jüngsten Zeit so recht zur Geltung gelangt.

Mehr Aufschluss gibt unser „Georges" über das Verb *coalescere,* das jenem *coalitus* und dieser *coalitio* zugrundeliegt. Zunächst fällt da das zwischen Stamm und Endung eingeschobene „*-sc-*" ins Auge, das wie bei dem sinnverwandten *crescere,* „wachsen", die allmähliche, fast unmerkliche Entwicklung eines solchen Wachstumsprozesses bezeichnet: Auch politische Koalitionen wachsen ja manchmal ganz allmählich, fast unmerklich heran, bis sie nach dem Wahltag mit Vertrag und Handschlag dann auch förmlich abgeschlossen werden.

Sodann bietet der „Georges" uns für dieses *coalescere* ein farbenreiches Spektrum besonderer Bedeutungen, darunter gleich zu Anfang: „zusammenwachsen, ... bes. von Parteien, noch getrennten Gemütern u. dgl.: 'verschmelzen, sich einigen'"; oder weiter: „... von Pfropfreisern: 'mit dem Stamme verwachsen'", oder schliesslich: „... von zerrissenen Gliedern u. Wunden: 'sich wieder zusammenziehen, zusammenschliessen, verwachsen'". Da sind die Koalitionen von heute offenbar gerade der rechte Ort für die politischen Parteien und ihre eben noch getrennten Gemüter, sich zusammenzuraufen und miteinander zu verschmelzen, oder für einen starken Parteichef von Links oder Rechts, sich ein knallgrünes Pfropfreis ins Knopfloch zu stecken, oder zuletzt für alle in solch einer Wahl irgendwie, irgendwo gebeutelten oder in den Beutel gesteckten Parteien, die gerissenen Wunden gehörig zu lecken und bis zum nächsten Wahltag wieder verwachsen zu lassen.

Komet

„Kein Mensch ist so stier, so stumpf, so ganz und gar dem Irdischen zu seinen Füssen zugewandt, dass er sich nicht im Geiste zum Himmel aufschwingen wollte, erst recht, wenn irgendeine spektakuläre Himmelserscheinung ihn dazu aufruft... So ist es auch bei einem Kometen: Wenn ein so augenfälliges Feuer von so ungewöhnlicher Gestalt erscheint, will jeder wissen, was es bedeutet: Alle die übrigen Sterne sind vergessen, jeder fragt nur nach dem einen neuen..." So schreibt Seneca im 1. Jahrhundert n. Chr. am Anfang seiner naturwissenschaftlichen Schrift „Über die Kometen".

Für die alten Griechen war ein Komet eine Art Punk: ein Stern mit steil aufgestellter, höchst aufregender Haarpracht. Das griechische Adjektiv *kométes,* eine Ableitung von dem Substantiv *kóme,* „Kopfhaar, Haupthaar", und dem Verb *komán,* „das Haar lang wachsen lassen", bezeichnete ursprünglich den „langhaarigen" Menschen im Unterschied zu einem kurzhaarigen, auch überhaupt den sozusagen „vollhaarigen" im Unterschied zu einem glatzköpfigen.

Im 6. Jahrhundert v. Chr. sagte ein Delphisches Orakel den Milesiern voraus, ihre Frauen und Töchter würden bald einmal „vielen *kométai* die Füsse waschen": Der Spruch deutete kaum verschlüsselt auf die Unterwerfung der Milesier unter die notorisch „langhaarigen" Perser voraus. In der Dichtersprache konnte dieses Adjektiv *kométes* im 5. Jahrhundert v. Chr. noch auf einen befiederten Pfeil oder den mit Efeublättern umwundenen Stab des Dionysos bezogen werden, ohne dass sich irgendein Gedanke an einen himmlischen „Kometen" da eingedrängt und das Bild gestört hätte. Auf die langhaarigen, punkhaarigen Himmelsvagabunden bezogen erscheint dieses *kométes* erst im 4. Jahrhundert v. Chr. bei Aristoteles, und dort bezeichnenderweise nicht in der astronomischen, sondern in der meteorologischen Vorlesung: Als vorübergehende Himmelserscheinungen siedelte Aristoteles die Kometen nicht in den himmlischen Sphären oberhalb des Mondes, sondern in der irdischen Atmosphäre hart unterhalb der Mondsphäre an. Bei Aristoteles hatte dieser *(astér) kométes,* dieser „langhaarige (Stern)", je nachdem, ob der Schweif oben hinausschwang oder unten hinabhing, auch noch ein Gegenstück: den *(astér) pogonías,* den „langbärtigen (Stern)".

Cicero hat es sich angelegen sein lassen, diesen griechischen *(astér) kométes,* im Lateinischen *(stella) cometes,* vollends zu einer „langhaarigen" *(stella) crinita* oder einer „krausköpfigen" *cincinnata* zu latinisieren. Doch dem ist kein Erfolg beschieden gewesen: Wie sich unser Trabant in Morgensterns Gedicht „Der Mond" als ein „völlig deutscher Gegenstand" präsentiert, so ist dieser langhaarige, punkhaarige „Komet" in den neuen Sprachen ein völlig griechischer Gegenstand geblieben.

Omina, Vorzeichen, haben jeweils ihre besondere Bezüglichkeit, und ein so bedeutendes wie ein Komet schien unmissverständlich einem Herrscher zu gelten. Im Jahre 79 n. Chr. beunruhigte das Erscheinen eines Kometen die römische Bürgerschaft und so denn auch den Kaiserhof. Doch Kaiser Vespasian, selbst alles andere als ein *kométes,* wischte die Besorgnis seiner Freunde schlagfertig beiseite: „Ein Komet? Das Omen kann nicht mir, sondern muss dem Partherkönig gelten: Denn der hat langes Haar und ich einen Glatzkopf!" Kaiser Vespasian ist dann doch, seiner Glatzköpfigkeit und seiner Schlagfertigkeit zum Trotz, noch im gleichen Jahr gestorben; Kometen liessen damals durchaus nicht mit sich spassen.

Kompetenz

Kompetenz ist allenthalben gefragt, in der Wissenschaft und in der Politik, beim Ingenieur und beim Unternehmer. Die „Kompetenz“ in der Einzahl bezeichnet ein fach- und sachbezogenes Urteilsvermögen, die „Kompetenzen“ in der Mehrzahl umschreiben die Entscheidungsbefugnisse; man spricht von einer Sachkompetenz im Sinne des Sachverstandes oder von einer Sprachkompetenz im Sinne der Sprachbeherrschung. Hier, wo die Sprache die Sache ist, kommen die beiden zusammen, und da sind wir schon ganz bei der Sache.

Im Französischen und im Englischen steht neben der *compétence* beziehungsweise der *competence,* der „Kompetenz“, noch die *compétition* beziehungsweise die *competition,* die „Konkurrenz“. Bleiben wir zunächst beim Zweiten. Die beiden lateinischen Verben, die sich in dieser *compétition* oder *competition* und in dieser „Konkurrenz“ ein Stelldichein geben, stehen selbst sozusagen in Konkurrenz zueinander. Das gemeinsame lateinische Kopfstück *com-* oder je nach dem Folgelaut auch *con-* entspricht unserem „zusammen-“; das eine damit verbundene Verb *petere* bedeutet „auf etwas losgehen, auf ein Ziel zustreben“, das andere Verb *currere* bedeutet „laufen“: Die *compétition* oder *competition* bezeichnet eigentlich ein „Zusammen-auf-etwas-Losgehen, -auf-etwas-Zustreben“; die „Konkurrenz“ bezeichnet eigentlich ein „Zusammenlaufen“ und so, wie wir die „Konkurrenz“ verstehen, ein „Miteinander-um-die-Wette-Laufen“: Wer als erster durchs Ziel geht, hat den Auftrag in der Tasche.

Anders sieht die Sache aus, wenn einem dieser Konkurrenten irgendwo auf halber Strecke die Wettbewerbsfähigkeit oder sagen wir hier einmal: die Konkurrenzkompetenz oder kurz der Schnauf ausgeht und er „Konkurs“ anmelden muss. Auch der lateinische *concursus* mit dem Genitiv *concursūs* bezeichnet eigentlich ein „Zusammenlaufen“, und in diesem Falle des „Konkurses“ hat das alte Wort seinen alten Sinn bewahrt: Hier laufen nicht die Konkurrenten hübsch auf parallelen Bahnen miteinander um die Wette; hier laufen vielmehr die Gläubiger von allen Seiten aufeinander zu, zentri-„petal“ auf das Zentrum „zustrebend“, um dem in Konkurs gegangenen Unternehmer mit ihren Rechtsansprüchen die Buchhaltung und einander wechselseitig die Köpfe einzurennen. Hier gilt: Wer als erster am Ziel ist, kann vielleicht noch etwas retten.

So zentri-„petal“ aufeinander zu läuft es auch bei der „Kompetenz“, nur sind es hier nicht die „Kompetenten“ untereinander, die da ihre Eierköpfe aneinanderschlagen, sondern hüben die Personen und drüben die Sachen. Das lateinische Verb *competere* mit der Grundbedeutung „zusammenstreben, zusammenkommen“ begegnet bereits in Ciceronischer Zeit in der zukunftsträchtigen Bedeutung „einer Sache gewachsen sein“, und seine bis heute fortlebenden Ableitungen, das Partizip Präsens Aktiv *competens* mit dem Genitiv *competentis* – daher „kompetent“ – und das Substantiv *competentia* – daher „Kompetenz“ – datieren bereits aus der klassischen Antike. Von daher verstanden, bezeichnet die „Kompetenz“ das „Zusammenstreben, Zusammenkommen“ von Person und Sache, einen im eigentlichen Sinn der Worte „zureichenden“, „hinlänglichen“ Sachverstand. Um's drastisch zu sagen: so zureichend, so hinlänglich, dass diese Person keinen Zehenspitzentanz aufführen muss, um mit den Fingerspitzen zu der Sache hinzureichen, zu ihr hinzulangen.

Auch eine politische oder juristische „Petition“ geht ja auf etwas los, und eine akademische „Repetition“ tut dies sogar zum wiederholten Male, von einem *Perpetuum mobile,* wortwörtlich: einem „Durchgehend strebend Beweglichen“, gar nicht erst zu reden. Am geläufigsten ist dieses lateinische *petere* bei Tische geblieben: Wenn wir mit Vossens Homer „die Hände zum lecker bereiteten Mahle erheben“ und uns dazu fröhlich einen „Guten Appetit“ wünschen, wünschen wir uns eigentlich nichts anderes als ein gutes „Ran-“ und „Drauflos-Gehen“. Cicero hätte seine Freude daran: Er hatte den *appetitus* mit dem Genitiv *appetitūs* neu geprägt, als ein Übersetzungslehnwort für die griechische *hormé* im Sinne eines inneren „Dranges“ und „Antriebs“, und seine eigene Zeit hatte auf diesen neu geprägten *appetitus* offensichtlich noch keinen grossen Appetit verspürt.

Kompromiss

Manchmal weiss die linke Hand nicht, was die rechte tut, und manchmal weiss das linke Ohr nicht, was das rechte hört. Da ist auf der einen Seite von kompromittierenden Fotos die Rede, mit denen einer einen anderen oder sich selbst hoffnungslos kompromittiert habe, auf der anderen Seite von erfreulicher Kompromissbereitschaft oder enttäuschender Kompromisslosigkeit, und bei dem einen wie dem anderen machen wir uns nicht bewusst, dass die beiden so nah aneinander anklingenden Wörter auf ein und demselben Stamm gewachsen sind.

Der Kompromiss, in dem die streitenden Parteien sich irgendwo auf halbem Wege treffen, hat seinen Ursprung im römischen Rechtsleben, und so wurzelt das Wort im klassischen Latein, in dem Verb *compromittere* mit dem Partizip Perfekt Passiv *compromissus.* Da sind dem einfachen Verb *mittere* mit der Grundbedeutung „lassen, loslassen, schicken" gleich zwei Kopfstücke vorangestellt: zunächst ein vorausweisendes *pro-* und dann noch ein zusammenführendes *com-,* und es lohnt sich, für diese beiden Kopfstücke einmal beide Ohren zu spitzen.

Promittere heisst „versprechen" in dem Sinne, dass einer einem anderen zusagt, zu einem späteren Zeitpunkt dieses oder jenes zu geben oder zu leisten. Unser deutsches „Versprechen" im Sinne einer Zusage gemahnt an das andere „(Sich-)Versprechen" im Sinne einer Fehlleistung, sein Präfix ans „Ver"-geben, „Ver"-schenken: Wer in unserer Sprache etwas „verspricht", gibt mit seinem Wort etwas weg, gibt etwas hin. Im Lateinischen bedeutet das Kopfstück *pro-* soviel wie unser „vor-, voraus-", wie etwa im „Prozedere", dem „Vorgehen", oder im „Prozess", dem „Vorgang". Das Verb *promittere,* das ja im französischen *promettre* und im englischen *promise* fortlebt, bezeichnet eigentlich ein „Vorauslassen, Vorausschicken". Wer auf lateinisch etwas verspricht, „schickt“ sein Versprechen, früher oder später etwas zu geben oder zu leisten, schon einmal „voraus“.

Das zweite Kopfstück *com-* bedeutet „zusammen-“, wie etwa im „Komponieren“, dem „Zusammensetzen“, oder im „Kompost“, dem „Zusammengesetzten“. Setzen wir das Präfix-Puzzle dieses Kompositums nun vollends zusammen, so bedeutet *compromittere* „zusammen versprechen“, in dem Sinne, dass zwei einander wechselseitig ein Versprechen, eine Zusage geben. Da sind wir schon ganz nahe bei unserem „Kompromiss“.

Das doppelköpfige Verb begegnet mit Bezug auf einen Schiedsspruch zuerst in einem Brief des grossen Marcus Tullius Cicero an seinen kleinen Bruder Quintus; als juristischer Terminus technicus bezeichnet es das wechselseitige Versprechen zweier streitender Parteien, einen Dritten als Schiedsmann beizuziehen und sich seinem Schiedsspruch zu unterwerfen. Seit dem 3. Jahrhundert n. Chr. erscheint hie und da auch schon das Partizip Perfekt Passiv *compromissum* – ursprünglich im Neutrum – zur Bezeichnung eines solchen Schiedsspruchs. Seither ist „der“ Kompromiss – nun im Maskulinum – zum Allerweltswort geworden; mittlerweile kann einer auch Kompromisse mit sich selber schliessen: mit sich selbst als Gegenpartei und zugleich als Schiedsmann.

Der schlüpfrige Seitenweg zu den kompromittierenden Fotos ist erst in neuerer Zeit vom französischen *compromettre* abgezweigt. Da geht es nun nicht mehr um eine gütliche Einigung auf den Schiedsspruch eines Schiedsmanns; da wird der oder die peinlicherweise derart im Passiv „Kompromittierte“ vor die Tür und in den Regen geschickt und dem täglich tagenden Schiedsgericht der jeweiligen Nachbarschaft oder Gesellschaft, und das heisst heute meist: der Boulevardpresse überlassen. Die indessen ist in aller Regel, ungeachtet der Wortverwandtschaft, für irgendwelche Kompromisse mit irgendwelchen Kompromittierten nicht so leicht zu haben.

Kristall

Die Wortgeschichte vom „Kristall" ist etwas für den Winter. Sie beginnt mit den Kristallen, die Frau Holle aus ihren himmlischen Federbetten schüttelt: Von allen „Kristallen", die heute so heissen, sind die Schneekristalle vor dem Fenster draussen und die Eiskristalle an den Scheiben paradoxerweise nicht nur die vergänglichsten, sondern auch die ältesten. Das griechische Substantiv *krýstallos* heisst eigentlich „Eis", das Adjektiv *krystállinos* entsprechend bald „eiskalt", bald „eisklar" oder, wie wir heute sagen, „glasklar". „Wie ein Kind den *krýstallos"*, sagten die Griechen sprichwörtlich von Leuten, die eine Sache weder festhalten können noch loslassen wollen.

Ein Wort, das aus der Kälte kommt: Dahinter steht im Griechischen das *krýos,* die „Eiseskälte", und dem entspricht im Lateinischen die *crusta,* die eigentlich die Eis-„Kruste", doch auch in alter Zeit bereits allerlei andere Krusten von der Lehmkruste bis zur Erdkruste bezeichnete. Der Fachwortschatz der Medizin kennt die „Kryochirurgie" und das „Kryoskalpell", und mit einer bildhaften Prägung des römischen Architekten Vitruv spricht der Kunsthistoriker bis heute von „Marmorinkrustationen", marmornen Wandverkleidungen. Verkehrte Welt: Die eisige „Kruste" eines Sees ist in unserer Bildersprache zu einer schützenden, wärmenden Eis-„Decke" geworden, während das Brot im glutheissen Backofen seine knusprige, alles andere als eisige „Kruste" bekommt . . .

Die Übertragung jenes griechischen *krýstallos* vom Eis auf den eisklaren Berg-„Kristall" begegnet uns zuerst im 1. Jahrhundert v. Chr. Anfangs sagte man noch *krýstallos líthos,* „Eis-Stein", in der Folge einfach *krýstallos:* Man meinte, dass sich reines Wasser unter strengstem Frost zu solchem kristallinem „Eis-Stein" verfestige. Viele Jahrhunderte lang, von jener alten Zeit bis zu den Anfängen der modernen Kristallographie im späteren 17. Jahrhundert, ist der Bergkristall der erste und eigentliche „Kristall“ geblieben, und noch heute gibt sich der *crystallus montanus*, der „Bergkristall“, mit seinem Namen ja als dieser erste und eigentliche Kristall zu erkennen.

In dieser Bedeutung ist das Wort zunächst ins Lateinische und später in die neuen Sprachen übergegangen. Weitere Übertragungen vom Berg-„Kristall“ einerseits auf all die anderen kristallinen Minerale, andererseits auf das geschliffene Glas, das Blei-„Kristall“, gehören erst der Neuzeit an, und in den „Eis-Kristallen“, die an der Fensterscheibe die wunderlichsten Eisblumen wachsen lassen, schliesst sich der Kreis: Da findet sich die auf den eisklaren Bergkristall übertragene Bedeutung unversehens wieder auf das kristalline Eis zurück übertragen. Der ältere Plinius erklärt in seiner „Naturgeschichte“, dieser „Eis-Stein“ bilde sich vornehmlich dort, *„ubi maxime hibernae nives rigent“*, wörtlich: „wo am mächtigsten die winterlichen Schneemassen starren“. Er musste es wissen, er kam ja aus Como. Kein Wunder, dass Plinius den europäischen Bergkristall „von den Höhen der Alpen“ gleich an zweiter Stelle nach dem indischen, der ersten Qualität, als ganz besonders „geschätzt“ empfiehlt.

Seltene Prachtsstücke von Bergkristallen verarbeitete man mit Vorliebe zu kunstvoll geschliffenen Trinkgefässen, die zu exorbitanten Preisen gehandelt wurden. Aus so einem Bergkristallglas geschlürft, mochte der schneegekühlte Falerner doppelt kühl auf die Zunge kommen: Da konnte der verwöhnte Sommergast im mondänen Bajae den Wein in einem eisklaren Eiskristall schwenken, während ein eiskalter Eiskristall darin zerging. Der Weinkenner weiss: Das Auge trinkt mit, und hier ist eisklar: das Sprachzentrum auch.

Laune

Böse Zungen, natürlich Männerzungen, behaupten, dass die Frauen launischer seien als die Männer, und gewiss haben die gleichen bösen Männerzungen auch dafür gesorgt, dass ein einschlägiges Vergilzitat *„Varium et mutabile semper femina"*, „Ein buntschillerndes und wechselhaftes Wesen ist doch immer die Frau", in Büchmanns „Citatenschatz des Deutschen Volks" eingegangen ist. Aber wie immer: Diese Wortgeschichte ist eine ausgesprochene Frauengeschichte; die „Laune" ist ja selbst weiblichen Geschlechts, und das durchaus nicht zufälligerweise.

Zunächst zum Wort: Unsere „Laune" ist eine menschliche, allzumenschliche Tochter der göttlichen Luna, der römischen Mondgöttin, eine Schwester der italienischen, spanischen und portugiesischen *luna* und der französischen *lune.* Und so ist unsere „Laune" – allen trüben Launen zum Trotz – zugleich eine Enkelin des Lichts: Ein alter Römer hat aus dieser „Luna" gewiss noch das zugrundeliegende Verb *lucere,* „leuchten", und die davon abgeleiteten Substantive *lux* und *lumen,* „Licht", herausgehört; die römische Mondgöttin Luna hiess eigentlich „die Leuchtende", wie die griechische Mondgöttin Selene eigentlich „die Glänzende".

So weit, so gut; aber was, bei der alten Luna, haben die Launen der Frauen oder auch, beim Mann im Mond, die Launen der Männer mit diesem leuchtenden Mondgesicht zu schaffen? Ganz einfach: Mit ihrem beständigen Kommen und Gehen, ihren Vollmond-, Halbmond- und Neumondphasen ist diese Luna am ganzen Himmel ja selbst das launischste Gestirn von allen; ein launischer Mensch ist einer, dessen Stimmungsuhr sozusagen „nach dem Mond geht" und in fortwährendem Wechsel bald Vollmond, bald Halbmond, bald Neumond, will sagen: mehr oder weniger strahlende, mehr oder weniger düstere „Launen“ anzeigt.

Seit alters hat die Astrologie eine mächtige Einwirkung der so nah benachbarten Luna auf das physische und psychische Befinden zumal ihrer Geschlechtsgenossinnen angenommen, und seit frühester Zeit ist die nach griechisch *mén,* „Mond“, und lateinisch *mensis,* „Monat“, als „Menstruation“ bezeichnete Periode der Frau auf die Periode des Mondes bezogen worden, gewiss sehr viel früher, als wir im 5. Jahrhundert v. Chr. bei Empedokles von Akragas den ersten Hinweis darauf finden. Zwar spottet Aristoteles über die „Neunmalklugen“, die den Mond ein weibliches Gestirn nennen, weil die Blutung der Frau gleichzeitig mit dem Abnehmen des Mondes eintrete und die erneute Ansammlung des „überschüssigen Blutes“ gleichzeitig mit seinem Zunehmen erfolge; doch die landläufige Astrologie hat sich von solchem Spott nicht beirren lassen, und so hat am Ende der Vorwurf der Launenhaftigkeit die Frauen stärker getroffen als die Männer.

Es lag nahe, das allmonatliche Zunehmen und Abnehmen der leuchtenden Mondscheibe in der Bildersprache auf allerlei anderes Auf und Ab zu übertragen. So ist das Wort von der sprichwörtlichen Wechselhaftigkeit der Mondgöttin zunächst im Mittelhochdeutschen auf die berüchtigte Wechselhaftigkeit der Glücksgöttin Fortuna übergegangen und weiter im Neuhochdeutschen auf das Auf und Ab unserer schwankenden Stimmungen, unserer besseren oder schlechteren „Launen“. Und wen soll es jetzt noch wundern, dass eine mutwillige Laune unserer Sprache dem zwischen Hü und Hott, Ja und Nein hin und her springenden „launischen“ Wesen am Ende noch die heiter zwischen Ernst und Scherz hinüber und herüber spielende „launige“ Rede zur Seite gestellt hat?

Mark

Eine Abschieds-Wortgeschichte aus dem Herbst 2001

Die Älteren erinnern sich noch an den 21. Juni 1948, als die Reichsmarkscheine ihre Gültigkeit verloren, für den Rest des Monats ein Kopfgeld von vierzig Deutschen Mark ausgegeben wurde und die Schaufenster – soweit es die schon wieder gab – sich über Nacht mit Waren füllten. Jetzt, ein gutes halbes Jahrhundert später, werden die Euro-Preise auf den Preisschildern immer fetter, die DM-Preise immer schlanker gedruckt: Die Ära der Deutschen Mark und mit ihr überhaupt der Mark geht unübersehbar zu Ende.

Angefangen hatte sie im hohen Mittelalter, als die mittelhochdeutsche *marke, marc* oder *march* ein halbes Pfund Silber oder auch Gold bezeichnete. Das heisst, wenn wir's genau nehmen, eigentlich nicht ein beliebig zusammengewürfeltes halbes Pfund, sondern einen solide gegossenen halbpfündigen Silber- oder Goldbarren. Und wenn wir's ganz genau nehmen, eigentlich auch nicht diesen Halbpfundbarren, sondern den darauf angebrachten Prägestempel: Dieser silber- oder goldglänzende Halbpfundbarren hatte seinen Namen *marke, marc* oder *march* von dem *marc,* dem „Zeichen", der „Marke", die sein Halbpfundgewicht bestätigte.

Schön wär's, wenn die Eins auf unseren Ein-Mark-Stücken, die Zehn auf unseren Zehn-Mark-Scheinen uns wenigstens noch den Gegenwert von einem beziehungsweise zehn solchen Silberbarren verhiessen, von den Goldbarren ganz zu schweigen. Aber zwischen der alten *marc* und der neuen Mark liegen die Inflationen eines halben oder ganzen Jahrtausends, und wir können uns damit trösten, dass unsere Mark nicht allein so weit heruntergekommen ist: Auch das englische *pound* ist ja einmal ein „Pfund"

Silber gewesen, und auch die italienische Lira, nach der griechischen *litra* und der lateinischen *libra,* hat ja einmal ein „Pfund“ Silber bezeichnet.

Nun fällt auf, dass ebendieses Wort *marke, marc* oder *march* neben dieser Edelmetall-„Markierung“ und diesem so „markierten“ Edelmetallbarren im Mittelhochdeutschen zugleich die „Grenze“ und das „Grenzland“, dann überhaupt ein abgegrenztes Herrschaftsgebiet oder ein abgegrenztes Gemeindegebiet bezeichnen konnte. In der Gegenwartssprache leben diese Bedeutungen etwa im „Markstein“, ursprünglich einem „Grenzstein“, in der „Mark Brandenburg“, im „Markgrafen“ oder in der „Gemarkung“ einer Gemeinde fort. Da liegt die Vermutung nahe, dass die Bedeutung dieses Wortes sich früh von der Grundbedeutung „Grenze“ auf die Grenz-„Markierung“ und weiter auf allerlei andere Markierungen wie diese Gewichts-„Markierung“ und schliesslich auf diesen „Halbpfundbarren“ übertragen hat.

Die Lübecker und die Lüneburger, die Hamburger und die Wismarer Mark des früheren 16. Jahrhunderts, die Aachener Mark des späteren 16. Jahrhunderts, die im ersten Deutschen Reich schlicht „Mark“ genannte Mark von 1873, die nach der Inflation von 1923 eingeführte „Rentenmark“, die sogleich nachfolgende „Reichsmark“ von 1924 und schliesslich die wirtschaftswunderträchtige „Deutsche Mark“ von 1948: das sind die markantesten Marksteine der weiteren Entwicklung von jenem ausgewogenen Halbpfundbarren zu unserem leichtgewichtigen Ein-Mark-Stück, das jetzt dem Euro weichen muss.

Im Ganzen eine höchst bemerkenswerte – früher sagte man da: merkwürdige – Wortgeschichte, zu der nur noch anzumerken wäre, dass der alte Stamm ja kräftig bei uns fortlebt: nicht nur im weitgefächerten Bedeutungsspektrum unserer „Marke“ und im „Markieren“, das von einer Tournee durch die romanischen Sprachen ein französisches Outfit mitgebracht hat, sondern auch in eben dieser „Anmerkung“: Alles Aufmerken und Bemerken, Anmerken und Vermerken ist ja nichts anderes als ein solches „Markieren“: ein Zeichensetzen.

Marmelade

Wenn die Liebe durch den Magen geht, dann müsste jedes süsse Marmeladentöpfchen eine ebenso süsse Verführung zu den alten Griechen sein. Zwei griechische Wörter, die mit dem schmeichelnden Gleichklang ihrer „flüssigen" Liquidenlaute „m" und „l" Ohren und Zunge betören, nehmen uns da an der Hand: zur Linken das *melímelon* (wo das „e" vorne kurz und hinten lang ist), zur Rechten das *melómeli* (wo das „e" vorne lang und hinten kurz ist). Das griechische *méli* (mit kurzem „e") bezeichnet den „Honig", das griechische *mélon* (mit langem „e") den „Apfel" oder sonst eine Baumfrucht, und so wäre denn von diesen süssen Verführern der eine, das *melímelon,* ein „Honigapfel", der andere, das *melómeli,* ein „Apfelhonig".

Beide Wörter sind sächlichen Geschlechts, und beide sind in den uns überlieferten Texten äusserst selten belegt. Die klassische griechische Literatur handelt nun einmal nicht schwerpunktmässig von Honigäpfeln und Apfelhonig, und die reiche Kochbuchliteratur ist nicht allzu üppig überliefert. Immerhin wird aus den wenigen Belegen so viel deutlich, dass es sich im ersten Fall um eine frühreife, süsse Apfelsorte, im zweiten Fall um eine Art Quittenhonig handelt; und da mögen sich nun die Paläomelomelologen streiten, ob hier eher an einen mit Quittenmus aromatisierten Honig oder an ein mit Honig gesüsstes Quittenmus zu denken wäre.

Nicht nur die Griechen, auch die Römer hatten Sinn für derlei süsse Sachen, und so begegnen uns die beiden im Lateinischen fast unverändert wieder: der „Honigapfel" als *melimelum,* der „Quittenhonig" als *melomeli* und hie und da auch als *melimeli.* Wo Quittenmus und Honigseim sich so innig vermischen, müssen sich wohl auch die Wörter aneinander angleichen, oder kurz und bündig: Was der Quittenmarmelade recht ist, ist der Wörtermarmelade billig.

Aber neben der „Angleichung“, der „Assimilation“, gibt es in der Sprache wie im Leben auch eine „Abgleichung“, eine „Dissimilation“: So ist in der Folge aus dem ersten der beiden flüssigen „l“-Laute in unserem *melomeli* ein gleicherweise flüssiger „r“-Laut geworden. Und nehmen wir nun noch die Endung *„-ada“* oder *„-ata“* hinzu, die uns aus der mediterranen Speisekarte auch sonst geläufig ist, so kann die Brücke vom griechischen und lateinischen *melomeli* oder *melimeli* zur spanischen *marmelada* mit einem weichen „d“ und weiter zur italienischen *marmellata* mit einem harten „t“, zur französischen *marmelade* und schliesslich zu unserer „Marmelade“ als geschlagen gelten; das Missing Link dazwischen, ein nirgends bezeugtes *mermelata,* müssen die Araber oder irgendwelche anderen Honigschlecker irgendwann, irgendwo weggeschleckt haben.

„Und drinnen waltet die züchtige Hausfrau“, heisst es in Schillers „Glocke“; nun kann, wer da gegenüber einer solchen beim Frühstück sitzt und sich die hausgemachte Marmelade schmecken lässt, gleich zwei Proben aufs Exempel machen. Erstens: Ob diese Quitten- oder Pflaumenmarmelade oder was da immer auf dem Tisch steht, so etymologisch gewürzt womöglich wohl noch ein klein wenig besser schmeckt? Und zweitens: Wo die Liebe, wenn sie denn tatsächlich durch den Magen geht, zu guter Letzt hingeht: zu den alten Griechen mit ihren vielzitierten hymettischen Honigtöpfen, zu den alten Römern mit ihren honigübergossenen Bratäpfeln oder doch wieder zu der züchtigen, tüchtigen Marmeladeköchin gerade gegenüber?

Metall

Die Metall- und die Elektro-Industrie führen gleicherweise griechische Namen im Schilde, und Metall und Elektrizität sind in der Antike geradezu „magnetisch" aufeinander bezogen. *Eléktor,* „der Strahlende", ist in der Homerischen Dichtersprache ein Beiwort des Sonnengottes Helios. Danach bezeichnete das griechische Substantiv *élektros* oder *élektron* zunächst eine viel verarbeitete sonnenglänzende Gold-Silber-Legierung und dann den aus dem trüben Norden importierten sonnenfarbenen Bernstein, dessen „elektro"-statische Wirkungen schon die klassische Antike faszinierten. Platon vergleicht die „staunenerregenden" Anziehungskräfte des *élektron,* des „Bernsteins", mit denen des „Herakleischen" oder „Magnetischen Steins"; der ältere Name weist auf das kleine, längst verschwundene Städtchen Herakleia am Sipylos, der jüngere, zuerst bei Euripides bezeugte, auf das benachbarte Magnesia, heute Manisa.

Da sind wir bei der guten alten „Elektrischen" und der schönen neuen „e"-Welt und zugleich schon beim Metall. Freilich hätte ein alter Grieche bei dem Stichwort „Metall" nicht speziell an Gold und Silber, Eisen und Bronze als vielmehr überhaupt an Bergwerke und an Steinbrüche gedacht; das griechische Substantiv *métallon* bezeichnete ursprünglich ein „Bergwerk", und zwar ein Salzbergwerk oder einen Marmorsteinbruch geradeso wie ein Gold- oder Silberbergwerk. Entsprechend bedeutet das Verb *metalleúein* „Bergbau treiben"; die *metallikḗ (téchne)* ist die „Bergbautechnik", ein *metallúrgos* ein „Bergarbeiter", ein „Bergmann". In dieser Bedeutung ist das Wort auch ins Lateinische übergegangen; die berüchtigte Verurteilung *„ad metalla"* bedeutete eine Verurteilung „zu den Bergwerken". Erst in der frühen Kaiserzeit wird die Bedeutung des griechischen *métallon* und des lateinischen *metallum* von den verschiedenen Förderstätten auf die zutage geförderten Erze und anderen Mineralien und weiter auf das aus dem Erz gewonnene „Metall" übertragen.

Im Griechischen ist dieses *métallon* samt seinen vielerlei jüngeren Ableitungen und Zusammensetzungen ein Stück Urgestein, Fremdgestein. Aus welchen älteren Sprachschichten und wann das bergmännische Wort einstmals ins Griechische gekommen ist, mit anderen Worten: von welchen älteren Volksstämmen und wann die Griechen den Bergbau und mit ihm das Wort dafür gelernt haben, bleibt im Dunkeln. Einen einzigen alten Verwandten hat es mitgebracht: das schon Homerische dichterische Verb *metallán,* „nachfragen, nachforschen", und das passt ja nicht schlecht zur bergmännischen Suche nach Salz und Marmor, Gold und Silber, Bronze und Eisen.

Wohl aus einer spätlateinischen *metallia (moneta),* einer „metallischen (Münze)", ist über die italienische *medaglia* die französische *médaille* und unsere „Medaille" hervorgegangen, entsprechend über die italienische Vergrösserungsform *medaglione* der französische *médaillon* und unser „Medaillon". So bekommen die Sieger der modernen Olympischen Spiele mit ihren Gold-, Silber- und Bronze-„Medaillen" wenn schon keinen echt griechischen Ölbaumzweig, so doch immerhin ein echt griechisches Alt-„Metall" um den Hals gehängt.

Dass wir Gold und Silber, Bronze und Eisen schmieden können, verdanken wir, mythisch gedacht, dem Feuerdiebstahl des Prometheus, den schon Platon am Anfang des „Protagoras" als einen Wissensdiebstahl, einen Know-how-Diebstahl, deutet. Aber dieser klassische Fall von Industriespionage in den olympischen Labors, in denen der hinkende Hephaistos seine „automatisch" vor den herannahenden Götterwagen aufspringenden Tore und seine „automatisch", „selbsterrregt, selbstbewegt", unter die versammelten Götter laufenden Dreifüsse entwickelte, hat unser Eisernes Zeitalter nicht nur Pflugscharen, sondern auch Schwerter schmieden lassen: Der an den Prometheusmythos anschliessende Mythos von Pandora und ihrem Riesenfass voller Übel erzählt von der anderen Seite dieser metallischen „Medaille".

Methode

Suchen wir der „Methode“ auf die Spur zu kommen, so suchen wir eben die „Methode“ zu dieser „Methode“: Denn eine „Methode“ ist nichts anderes als ein „Weg hinter etwas her“, die Verfolgung einer Spur. Da weist uns sogleich die Spur des „th“ aufs Griechische zurück, und denken wir weiter einerseits an „Metamorphose“, „Metapher“, „Metaphysik“ und „Metastase“, andererseits an „Anode“, „Kathode“, „Periode“ und „Synode“, so können wir mit unserem philologischen Sezierbesteck und einem Quentchen Chirurgenerfahrung die „Methode“ fein zerteilen: in das Kopfstück *meta-,* hier in der Bedeutung „hinter... her, hinter... drein“, und in das Substantiv *hodós,* „Weg“, das sein weibliches Geschlecht im Fremdwort bewahrt hat.

Wie die „Methode“ also der „Weg hinter etwas her, hinter etwas drein“, so sind auch die anderen „-oden“ in unserem Fremdwortschatz eigentlich „Wege“: Die „Kathode“ mit dem Präfix *kata-,* „hinab-“, bezeichnet eigentlich den „Weg hinab“ und umgekehrt die „Anode“ mit dem Präfix *ana-,* „hinauf-“, eigentlich den „Weg hinauf“ – als ob die Elektronen in der Elektronenröhre, statt unbeschwert geradewegs von dem einen Pol durch das Vakuum zum anderen hinüberzufliegen, mühselig erst von der „Kathode“ hinab- und dann wieder zur „Anode“ hinaufzusteigen hätten. Auch bei der Aufzeichnung eines Elektroenzephalogramms oder eines Elektrokardiogramms sprechen wir ja von solchen „Elektroden“, sozusagen „Elektronenwegen“.

Dem Griechenlandreisenden werden die neu- wie altgriechischen Aufschriften *eísodos,* „Eingang“ oder „Einfahrt“, und *éxodos,* „Ausgang“ oder „Ausfahrt“, geläufig sein. Als vielzitierter Titel des zweiten Buches Mose mit der Schilderung des Auszugs aus Ägypten ist diese *Éxodos* mit mittelalterlich latinisierter Endung und fälschlich maskulinisiertem Geschlecht als der „Exodus", der „(Massen-) Auszug", in unseren Fremdwortschatz eingegangen. Daneben stehen noch die mit dem Präfix *peri-*, „rings um ... herum" gebildete „Periode", der „Weg rings um etwas herum", der „Umlauf", sowie die mit dem Präfix *syn-*, „mit-, zusammen-", gebildete kirchliche „Synode", der „zusammenführende Weg" und so auch die „Zusammenkunft".

In der bunten Reihe dieser neusprachlichen „-oden", dieser vielerlei „Wege", die allesamt auf die griechische *hodós* oder ohne Hauch *odós* zurückgehen, führt uns die Verfolgung dieser Spuren über ebendiese „Methode" selbst hinaus schliesslich noch zur „Episode", die gleich mit zwei solchen Kopfstücken aufwartet: mit einem *epi-*, „hinzu-", und einem *eis-*, „herein-". Das griechische Substantiv *epeishódion* stammt aus der Theatersprache und bezeichnet ursprünglich das „Hinzu-Hereintreten" eines Schauspielers zu dem in der Orchestra, auf der Tanzfläche, agierenden Chor, mit unserem Wort: den „Auftritt" dieses Schauspielers. In der Folge ist daraus zunächst der „Auftritt" im Sinne der einzelnen „Szene" und in hellenistischer Zeit, nun schon fast abschätzig, eine belanglose, folgenlose Zwischen- oder Nebenhandlung geworden, sei es auf den Brettern, die im Spiel die Welt bedeuten, sei es auf dem Boden, auf dem sich unser Leben abspielt: eben eine „Episode", die in aller Regel, wie wir ja auch sagen, „Episode bleibt".

Minute und Sekunde

Der antike Mensch stand mit der Sonne auf und ging mit der Sonne zu Bett, und so mass und zählte er vom 4. Jahrhundert v. Chr. an auch seine Stunden: zwölf von Sonnenaufgang bis Sonnenuntergang und wieder zwölf von Sonnenuntergang bis Sonnenaufgang. Nur an den Tagundnachtgleichen einmal im Frühjahr und einmal im Herbst waren alle diese Stunden gleich lang; im Sommer gab es fünfviertelstündige Tagesstunden und entsprechend kürzere Nachtstunden, im Winter umgekehrt dreiviertelstündige Tagesstunden und entsprechend längere Nachtstunden. Von einer peinlich genauen Pünktlichkeit „auf die Minute“ oder gar auf die Sekunde ist der antike Mensch verschont geblieben.

Nichtsdestoweniger sind unsere Minuten und Sekunden, was die Wörter betrifft, lateinisches, und was die Sache betrifft, letztlich auch griechisches Erbe, nur dass diese Minuten und Sekunden in der Antike noch nicht Bruchteile von Stunden, sondern Bruchteile von Bogengraden bezeichneten. In diesem alten Sinn sprechen die Astronomen ja bis heute von „Bogenminuten“ und „Bogensekunden“.

Lassen wir die Uhr hier in Mega-Schritten duch die Sprachen und Epochen rückwärts laufen: Hinter der „Minute“ steht das lateinische Verb *minuere,* „vermindern, verringern“, und dahinter wieder das Adverb *minus,* „weniger“, das uns aus dem Eins-plus-Eins, Eins-minus-Eins geläufig ist; hinter der „Sekunde“ steht das lateinische Zahlwort *secundus,* „der Folgende, der Zweite“, und dahinter wieder das Verb *sequi,* „folgen“, dem wir etwa auch in der „Sequenz“ und der „Konsequenz“ begegnen. So ist die „Minute“, wörtlich verstanden, eine „Verminderte, Verringerte“, die „Sekunde“, wörtlich verstanden, „die Folgende, die Zweite“.

Das weibliche Geschlecht der beiden Mini-Masse gibt einen Fingerzeig auf das fehlende Bezugswort. Ursprünglich und vollständig heisst die Minute im Spätlateinischen *pars minuta prima,* „erster verminderter Teil", die Sekunde entsprechend *pars minuta secunda,* „zweiter verminderter Teil". Die Bruchteile beziehen sich auf das ursprünglich babylonische, sogenannte Ptolemäische sexagesimale Masssystem: Der „erste verminderte Teil" bezeichnete ein Sechzigstel der Einheit, der „zweite verminderte Teil" ein Sechzigstel eines Sechzigstels dieser Einheit, zunächst eines Bogengrades, später einer Äquinoktialstunde.

Schon mehr als zwei Jahrhunderte vor dem grossen Ptolemaios, der um die Mitte des 2. Jahrhunderts n. Chr. in Alexandria lebte und lehrte, stossen wir im 1. Jahrhundert v. Chr. bei dem griechischen Mathematiker und Astronomen Geminos auf die frühesten Belege dieser „verminderten" Bogenmasse: Da bezeichnet ein *próton leptón (hexekostón)* ein „erstes Kleines (Sechzigstel)" eines Bogengrades und dann einer Stunde, und ein *deúteron leptón (hexekostón)* ein „zweites Kleines (Sechzigstel)" dieses Bogengrades und dann dieser Stunde.

So paradox es scheinen mag: Nicht unserem täglichen und zuweilen ja tatsächlich minütlichen und sekündlichen irdischen Tun und Treiben, sondern den ungewordenen, unvergänglichen himmlischen Gestirnen galten diese ersten kleinen Sechzigstel und diese zweiten noch viel kleineren Sechzigstel: Es war die Ewigkeit des Göttlichen, die da so buchstäblich minutiös auf die Minute, auf die Sekunde genau vermessen und berechnet wurde.

Die alten Griechen noch des klassischen Perikleischen Zeitalters, die Zeitgenossen eines Sophokles und eines Herodot, eines Sokrates und eines Platon scherten sich in ihren Alltagsgeschäften noch nicht einmal um die zwölf Stunden eines ganzen runden Tages von Sonnenaufgang bis Sonnenuntergang, geschweige denn um ein Sechzigstel oder gar um ein Sechzigstel eines Sechzigstels eines solchen Zwölftels. Für diese Glücklichen weit jenseits aller Sekundengenauigkeit unserer Funkuhren und Quarzuhren war die übliche Verabredung auf dem Markt zu der Zeit, „wenn die Agora sich füllt" oder auch „wenn die Agora sich leert" genau genug; in der Zwischenzeit, wenn der Markt voll war, traf man sich ohnehin.

Moment

„Moment bitte ...", sagt die freundliche Stimme am Telefon und bittet damit um einen Augenblick Geduld. Aber eigentlich deutet der „Moment" gar nicht auf ein Sich-Gedulden, sondern im Gegenteil auf ein Sich-Bewegen. Der „Moment" ist lateinischen Ursprungs; dahinter steht das Substantiv *momentum* in der Bedeutung eines „Ausschlag gebenden Gewichtes" und dahinter wieder das Verb *movere,* „bewegen", dessen Stamm sich hier mit dem Schwanzstück *-mentum* verbunden hat.

Das Verb *movere* mit dem Partizip Perfekt Passiv *motus,* „bewegt", hat sein bewegtes und bewegendes Leben in den neuen Sprachen munter fortgesetzt. Es begegnet zunächst in unserem „Motor", diesem personifizierten professionellen „Beweger", und in der „Lokomotive", dieser „vom Ort bewegenden" Maschine, sodann, schon versteckter, im „Motiv", mit unserer Lehnübersetzung dem „Beweggrund", der den Maler zum Malen und den Täter zu seiner Tat bewegt, sowie neuerdings in der beflügelnden „Motivation", weiter in der akademischen „Promotion", die einen Kandidaten zum Doktor „voranbewegt", und schliesslich in der „Emotion", die unser Seelenpendel aus der Ruhelage „herausbewegt".

Mit dieser Seelenregung, diesem Pendelausschlag sind wir fast schon bei unserem *momentum.* Doch zuvor sei hier *en passant* jenem Schwanzstück *-mentum,* das allgemein ein Mittel oder geradezu ein Werkzeug bezeichnet, noch die schuldige Reverenz erwiesen. Freilich müsste jede Dokumentation dieser mehr oder weniger handgreiflichen Instrumente in einer solchen Wortgeschichte notwendig Fragment bleiben; verzichten wir also auf das Experiment, diesem alles instrumentalisierenden Wortschwanz hier ein würdiges lexikalisches Monument mit den gehörigen rhetorischen Ornamenten zu errichten, und belassen wir's im Moment bei diesem höflichen Kompliment im Vorübergehen!

Wie das „Dokument“ eigentlich ein „Lehrmittel“, das „Monument“ eigentlich ein „Erinnerungsmittel“ ist, so ist unser „Moment“ ursprünglich ein „Bewegungsmittel“: eine bewegende Kraft, die den vier Elementen Erde, Wasser, Luft und Feuer innewohnt und sie ohne besonderen Anstoss fallen oder steigen lässt – so nach dem alten Aristoteles und seiner Lehre von den „natürlichen Orten“ der vier Elemente um den Weltmittelpunkt herum und ihren „natürlichen Bewegungen“ zu diesen Orten hin. Danach haben die Erde und alles Erdige natürlicherweise das *momentum,* zur Erde zu fallen, das Feuer und alles Feurige natürlicherweise das entgegengesetzte *momentum,* in die Höhe zu steigen.

Solche *momenta,* solche „bewegenden Kräfte“, lassen ja auch die Schalen einer Hebelwaage je nachdem steigen oder sinken, und so konnte in übertragener Bedeutung auch ein persönlicher Empfehlungsbrief, ein Plädoyer vor einem Richtergremium oder eine politische Rede vor dem Senat oder dem Volk mehr oder weniger *momentum* haben, das heisst: in der Waagschale des Pro oder Contra mehr oder weniger stark „ins Gewicht fallen“, sie steigen oder sinken lassen und am Ende vielleicht „Ausschlag gebende“ Wirkung haben. Das physikalische „Drehmoment“ hat die ursprüngliche Bedeutung dieses *momentum* und sogar sein ursprüngliches Geschlecht noch treu bewahrt; im Übrigen ist das lateinische Neutrum auf seinem Weg über das Französische im Deutschen zum Maskulinum geworden.

Bereits in Ciceronischer Zeit ist die Ursprungsbedeutung dieses *momentum* von der „bewegenden Kraft“ und dem „Ausschlag gebenden Gewicht“ auf die kurze bei einem solchen Hebelausschlag durchlaufene Strecke und weiter auf eine entsprechend kurze Zeitspanne übertragen worden. Und vielleicht in Verbindung mit einer Fingergeste hat das Wort in der Folge, auch dies bereits im klassischen Latein, die heute gebräuchliche prägnante Bedeutung eines „Augenblicks“ angenommen. Aber weiter ist es damals nicht gegangen; für so ein saloppes „Moment bitte ...“ am Telefon, gut lateinisch *„Momentum quaeso ...“,* ist Ciceros Jahrhundert, soweit unsere Quellen reichen, noch nicht reif gewesen.

Monopol

Wer hätte das gedacht: Kein anderer als der ehrwürdige Thales von Milet aus dem frühen 6. Jahrhundert v. Chr., einer der vielzitierten Sieben Weisen („Schwer, sich selbst zu erkennen") und der Archeget der griechischen Philosophie („Der Ursprung von allem: das Wasser"), ist auch der Pionier des Monopolkapitalismus gewesen. Wo bleibt da die Mär von der Weltfremdheit des Philosophen, vom akademischen Hans-Guck-in-die-Luft, der auf die Sterne schaut und dabei in den Brunnen fällt, vom sprichwörtlich zerstreuten Professor?

Kein Scherz: Aristoteles ist unser Gewährsmann, in seinen „Politischen Schriften", im 1. Buch, im 11. Kapitel. Zwei Jahrtausende und zwei Jahrhunderte bevor Marx und Lenin mit dem Monopolkapitalismus abrechneten, hat Aristoteles dort als erster von den beträchtlichen Gewinnchancen einer *monopolía,* wortwörtlich: eines „Alleinverkaufs", gesprochen und das Ölpressenmonopol des alten Thales als das klassische Beispiel einer solchen *monopolía* angeführt.

Vorweg ein Wort zum Wort, doch wohl einer Aristotelischen Prägung: Darin hat sich das griechische Adjektiv *mónos,* „allein", uns geläufig aus den Hi-Fi-Chiffren „Mono" und „Stereo" und dem dummen Wortwitz von der „Monogamie" und der „Monotonie", mit dem griechischen Verb *poleín,* „verkaufen", verbunden, und da ist gleich anzumerken, dass dieses *poleín,* „verkaufen", mit seinem langen, offenen O-Laut und das Substantiv *pólis,* „Stadt, Staat", mit seinem kurzen, geschlossenen O-Laut ganz und gar nichts miteinander zu tun haben.

Aristoteles nennt zwei Exempel für eine solche *monopolía;* das erste der beiden betrifft den Erzphilosophen Thales, der hier sozusagen nebenbei zum Erzmonopolisten wird: „Den Spottreden der Mitbürger, seine eigene

Armut bestätige ja, wie ganz und gar nutzlos die Philosophie sei, soll Thales so begegnet sein: Aus seinen Himmelsbeobachtungen hatte er die Erwartung abgeleitet, dass es im folgenden Jahr eine überaus reiche Olivenernte geben werde. So brachte er noch im Laufe des Winters durch Pachtverträge – wobei er von dem wenigen Kapital, über das er verfügte, jeweils nur die übliche Anzahlung leisten konnte – sämtliche Olivenpressen in der Gegend um Milet und auf Chios in seine Hand, und das zu einem geringen Pachtzins, da ihn zu dieser Jahreszeit noch kein Konkurrent überbot. Als schliesslich die erwartete Rekordernte eingetroffen war und mit einem Schlag eine lebhafte Nachfrage nach Olivenpressen einsetzte, verpachtete er seine Pressen weiter zu Bedingungen, wie er sie festsetzen wollte, und machte dabei beträchtliche Gewinne. Mit dieser wirtschaftlichen Unternehmung wollte Thales zeigen, dass es für einen Philosophen ein Leichtes sei, zu Reichtum zu kommen, wenn er dies denn wolle, doch dass dies eben nicht das Ziel sei, um das ein Philosoph sich ernsthaft bemühe."

Das zweite Exempel betrifft einen syrakusanischen Bankier aus der Zeit des grossen Dionysios, gegen Ende des 4. Jahrhunderts v. Chr.: Der habe mit den Einlagen seiner Kunden die gesamte Eisenproduktion der umliegenden Eisenhütten aufgekauft und aus dem Wiederverkauf, „obwohl er gar nicht übermässig viel aufgeschlagen hatte", mit seinen fünfzig Talenten Einsatz – ein solches griechisches „Talent" misst gut 26 Kilogramm Silber – doch erkleckliche hundert Talente Gewinn erzielt. In diesem Fall gilt die Pointe nicht der Wissenschaft, sondern der Politik: Der nicht minder geschäftstüchtige Tyrann beliess dem so einfallsreichen Spekulanten zwar seinen Gewinn, verbannte ihn jedoch aus seinem Herrschaftsbereich, „da er Erwerbsquellen aufgetan habe, die seinen eigenen Geschäften nicht zuträglich seien". *Monarchía* und *monopolía,* „Alleinherrschaft" und „Alleinverkauf", sind offenbar von Anfang an nicht nur etymologisch verschwistert gewesen.

Motivation

Die moderne Gesellschaft verlangt nach den ausgeklügelten Reizen der Motivation: Ohne Motivation mag der übersättigte Konsument nichts konsumieren, der desengagierte Mitarbeiter nicht mitarbeiten, der desinteressierte Schüler nichts lernen – ohne Motivation geht, geschweige denn läuft heutzutage gar nichts mehr. „Motiviere mich, Muse…" so ungefähr hatte doch schon der alte Homer seine ellenlangen Epen angefangen.

Die „Motivation" ist eine Prägung erst des 20. Jahrhunderts. Sie geht zunächst zurück auf das Verb „motivieren", das in seiner älteren Bedeutung „begründen" bereits im 18. Jahrhundert erscheint, und ein französisches *motiver,* sodann auf das Substantiv „Motiv" und das französische Substantiv und vormalige Adjektiv *motif,* weiter auf das spätlateinische Adjektiv *motivus,* „fähig, etwas zu bewegen", und schliesslich auf das Partizip Perfekt Passiv *motus* des klassisch-lateinischen Verbs *movere,* „bewegen", das in dem modernen Euro-Wortschatz bis hin zum „Solarmobil" und zum „Mobiltelefon" ja auch sonst eine unermüdliche Mobilität entfaltet hat.

Da bewegt ein Wort das andere; der eigentliche Ursprung der „Motivation" und buchstäblich der Bewegung aber liegt noch jenseits jenes spätlateinischen *motivus* im Griechischen, genau: in der Aristotelischen Lehre von den vier Ursachen. Im 4. Jahrhundert v. Chr. hatte Aristoteles eine Vierzahl von Ursachen benannt, die er in jeder technischen Produktion und entsprechend auch in jeder natürlichen Reproduktion am Werke sah. Die Vier sind erstens das „Ziel" des Prozesses und zweitens die vorgegebene „Form" des Produktes, die miteinander den Herstellungsprozess von Anfang an bis ins Einzelne bestimmen, drittens der „Ursprung der Bewegung", der den Herstellungsprozess zu Anfang in Gang setzt und bis zu seinem Abschluss in Gang hält, und viertens der rohe „Stoff", der im Laufe dieses Prozesses die gewünschte Form erhält und so in das fertige Produkt eingeht.

Die dritte dieser Ursachen, im Griechischen die *arché tés kinéseos,* der „Ursprung der Bewegung" – am Beispiel des Hausbaus etwa der Auftrag des Bauherrn an den Architekten und das handgreifliche Zupacken der Bauhandwerker –, ist am Ende Ursprung unserer „Motivation" geworden. Aristoteles nannte diesen „Ursprung der Bewegung" auch kurz *kinún* oder *kinetikón,* „Bewegendes" oder „fähig, etwas zu bewegen"; hier schweift ein Gedanke zu den bewegten Bildern der Kinematographie im Cinéma oder, noch kürzer, im Kino hinüber. Die lateinischen Lehnübersetzungen dieser „bewegenden Ursache" lauteten *causa movens* oder *causa motiva,* die anschliessende deutsche Lehnübersetzung „Beweggrund".

Im Französischen ist das *motif* im 14. Jahrhundert, im Deutschen das „Motiv" im 16. Jahrhundert aufgekommen; in der Folge erscheint das Wort in der Kriminologie als das „(Tat-) „Motiv", das den Straftäter zu seiner Tat bewegt, entsprechend in der Kunstgeschichte als das „(Bild-) „Motiv", das den Maler zum Malen und neuerdings auch den Photographen zum Photographieren bewegt, und schliesslich in der Musikgeschichte als ins Ohr fallendes „Motiv" oder als beziehungsreiches „Leitmotiv" – wobei wir schon in der Kunst unter einem „Bildmotiv" längst nicht mehr den Beweggrund zur Darstellung, sondern den dargestellten Gegenstand selbst verstehen.

Im 19. Jahrhundert hat sich zu diesen kriminologischen und kunstgeschichtlichen „Motiven" noch die *locomotiva machina* gesellt, zunächst im eigentlichen Sinn die Personen- und Güterwagen „vom Ort bewegende" fauchende und pfeifende „Dampf-Lokomotive" und dann im übertragenen Sinn die Parteibasis und Wählerschaft mobilisierende „Wahl-Lokomotive". Und im 20. Jahrhundert hat sich das alte „Motivieren" unter dem Einfluss des englischen *to motivate* zu seiner heute geläufigen Bedeutung gemausert und alsogleich noch die beflügelnde, alle Kräfte mobilisierende „Motivation" hervorgebracht. Werden wir bald auch noch wie für die Freizeitwelt hinreissende „Animateure", so für die Arbeitswelt mitreisssende „Motivateure" bekommen? Da bleibt nur die Frage: Wer animiert die Animateure, und wer motiviert die Motivateure?

Münze

Jede Münze jeder Währung, jedes Wertes und jeder Prägung zeigt über „Zahl“ und „Kopf“ hinaus ein verborgenes Prägebild der Juno, der Gattin des Jupiter – nicht augenfällig im glänzenden Metall, sondern ohrenfällig im klingenden Namen: Die römische Göttin Juno hat allen griechischen so genannten *nomísmata,* buchstäblich den „Anerkannten“, und allen lateinischen auch sprachlich abgegriffenen *nummi* im Nachhinein ihren römischen Beinamen Moneta aufgeprägt.

Die Wortgeschichte unserer „Münze“ führt geradewegs aufs Kapitol, auf dessen östliche Kuppe, die sogenannte „Burg“ – dorthin, wo heute die Kirche S. Maria in Aracoeli aufragt. Unter dem Beinamen Moneta, die „Mahnerin“, einer altertümlichen Ableitung von dem Verb *monere,* „mahnen“, genoss die Gattin des Kapitolinischen Jupiter dort seit alters kultische Verehrung. Aber „Mahnerin“ wozu und Verehrung wofür? Das war schon in klassischer Zeit in Vergessenheit geraten. In seinem Geschichtswerk „Seit Gründung der Stadt“ berichtet Livius, der Dictator Lucius Furius Camillus habe mitten im Kampf gegen die oskischen Aurunker „der Juno Moneta“ einen Tempel gelobt, und Titus Manlius Torquatus habe diesen Tempel in seinem zweiten Konsulat – im Jahre 344 v. Chr. – auf der „Burg“ geweiht. Doch wozu diese „Mahnerin“ da gemahnt hatte, davon sagt Livius nichts.

Eine „von vielen Autoren“ überlieferte Version hat Cicero beiläufig weiter überliefert: Nach einem Erdbeben habe eine Stimme „vom Tempel der Juno von der Burg herab“ die Römer aufgerufen, zur Entsühnung der Bürgerschaft eine trächtige Sau zu opfern: „Darum habe man diese Juno die Mahnerin genannt“. Wenn das so zuträfe, hätte der Tempel auf der „Burg“ bereits vor dieser „Mahnung“ dort gestanden und wäre nicht um einer solchen „Mahnung“ willen erbaut worden. Und an der Schwelle zwischen Antike und Mittelalter, ein rundes Jahrtausend nach jenem Dictator Camillus, erklärt der Erzbischof Isidor von Sevilla in seinen enzyklopädischen „Etymologien“, Moneta sei diese Juno genannt worden, weil sie „mahne, dass man sich keinen Betrug mit dem Metall oder dem Gewicht zuschulden kommen lasse“. Da spricht dieser Isidor offenbar von den rechten Goldgehalten und Münzgewichten und von Falschmünzerei, und da ist nun eindeutig das Pferd vom Schwanz her aufgezäumt.

Denn anders als das erste Wegstück dieser Wortgeschichte von der Juno zur „Moneta“ liegt das zweite von der „Moneta“ zur „Münze“ offen zutage: Im Tempel der Juno Moneta auf der „Burg“ des Kapitols hatten die Römer unter dem Schutz der Göttin ihre Gold- und Silbervorräte samt der Münzwerkstätte untergebracht, und schon in klassischer Zeit konnte der ursprünglich auf die Göttin gemünzte Beiname Moneta, „Mahnerin“, sozusagen klein geschrieben werden: In einer ersten Übertragung bezeichnete ebendiese *moneta* zunächst die Prägestätte selbst, in einer zweiten Übertragung dann auch das darin geprägte Geld, die Gold-, Silber- und Bronze-„Münzen“.

Inzwischen ist aus der Münzprägestätte im Tempel der Juno eine rechte Wortprägestätte geworden. Im Deutschen ist daraus über eine spätlateinische *munita* und eine althochdeutsche *munizza* die „Münze“ hervorgegangen, und dies in doppeltem Sinn: Neben der vorherrschenden Bedeutung der geprägten „Münze“ klingt die ursprüngliche Bedeutung der prägenden „Münze“, der „Prägestätte“, im Deutschen noch vernehmlich nach. Das englische *mint* hat sich bis heute auf diese Ursprungsbedeutung der alten *moneta* beschränkt, während die französische *monnaie* und in Anschluss daran das englische *money* ihren Bedeutungsbereich über das gemünzte Metallgeld auf alles Geld, auch das gedruckte Papiergeld, ausgeweitet haben. Aus dem Studentenlatein des 18. Jahrhunderts sind die „Moneten“, die einer hat oder nicht hat, längst in den allgemeinen Slang übergegangen, und mit dem „EMS“, dem *European Monetary System,* hat diese altrömische Juno Moneta zuletzt noch ihren speziellen Beitrag in die Euro-Wörterkiste der jungen Europäischen Union geworfen. Wozu will sie da wohl mahnen?

Natürlich

Eine Kuh frisst grünes Gras und gibt weisse Milch und bildet daraus und aus der übrigen Nahrung Fleisch und Blut, Knochen und Hörner, Haut und Haar und all das Übrige. Das ist das Natürlichste von der Welt und natürlich gar kein Wunder. Wundern würden wir uns eher, ja erschrecken, wenn da plötzlich eine Kuh statt der weissen Milch grüne Milch gäbe und sich etwa auf dem Rücken grün begraste. „Natürlich", sagt Aristoteles dazu, fresse eine Kuh grünes Gras und bilde daraus weisse Milch und all das Übrige: *Phýsei,* „von Natur", nähmen alle Pflanzen und Tiere Nahrung auf und bildeten daraus ihre je verschiedenen Organe.

Der griechische Naturforscher Anaxagoras hat besagte Verwandlung von Gras in Milch dann doch verwunderlich gefunden und aus derlei Stoffwechselprozessen seine Theorie von der je verschiedenen Mischung „gleichartiger Teilchen" abgeleitet: Im Gras auf der einen Seite und in der Milch und all dem Übrigen auf der andern, meinte er, seien jeweils genau die gleichen Stoffe enthalten, nur in je verschiedener Mischung. „Natürlich", sagt Aristoteles dazu wieder, habe der alte Anaxagoras sich da verwundert: *Phýsei,* „von Natur", seien alle Menschen auf Wissen aus, und das Sich-Verwundern sei der Anfang aller Wissenschaft.

Die griechische *phýsis* – und entsprechend die lateinische *natura* – bezeichnet eigentlich das grosse „Werden" und „Wachsen" und dann bei Aristoteles überhaupt den Naturprozess, wie er ohne den Eingriff des Homo sapiens seinen immer gleichen Gang geht. Als „natürlich" hat Aristoteles alle die Prozesse betrachtet, die ihren Beweggrund in sich selbst haben, die ohne Anstoss und Lenkung durch den Homo faber sozusagen „von selbst" ablaufen. *Phýsei,* „von Natur, natürlicherweise", sagt Aristoteles, falle ein Stein zu Boden und steige eine Luftblase im Wasser auf, kreisten Sonne, Mond und Sterne um die Erde; „von Natur, natürlicherweise", entwickelten sich Pflanzen und Tiere, brächten ihresgleichen hervor und vergingen wieder; „von Natur, natürlicherweise", sei der aufrechtgehende, vernunftbegabte Mensch zu Werkzeuggebrauch und Technik, zu Rechts- und Staatsgemeinschaft, zu Wissenschaft und Philosophie geboren.

Aus der himmlischen Sphäre der Philosophie ist dieses „natürlich" seither in den irdischen Dunstkreis des Alltags herabgestiegen, und da steht es wie einst für alles sozusagen „von selbst" Geschehende, so jetzt für alles irgendwie „von selbst" Verständliche, mehr oder weniger scheinbar Selbstverständliche: „Kommst du mit ins Kino?" – „Natürlich!"; „Kannst du mich verstehen?" – „Natürlich!". Was ist da nicht alles „natürlich", und natürlich lässt sich mit solch einem beiläufigen, Selbstverständlichkeit suggerierenden „Natürlich" mancher Zweifel von vornherein ersticken, mancher Einwand von vornherein abschmettern.

Neuerdings, da die Wunder der Technik gerade so selbstverständlich und zugleich gerade so unverständlich daherkommen wie die Wunder der Natur, hat sich der Sprachgebrauch dieses Allerwelts-„Natürlich" noch mächtig erweitert. „Natürlich" erscheint mein Text auf dem Bildschirm, wenn ich das entsprechende Symbol anklicke; „natürlich" verschwindet er augenblicklich, mausklicklich, wenn ich das entsprechende Fenster wieder schliesse. Natürlich würde Aristoteles angesichts dieses Sprachgebrauchs heftig protestieren: Die *phýsis,* der in den Dingen selbst wirkende natürliche Beweggrund, sei eine Sache, die *téchne,* das von aussen eingreifende technische Vermögen des Menschen, eine andere. Aber natürlich könnten wir da wieder protestieren und gut aristotelisch kontern: Wenn denn der Homo sapiens, wie Aristoteles als erster erklärt hat, *phýsei,* „von Natur, natürlicherweise", ein Homo faber und also auch ein Homo electronicus ist, so ist doch eine virtuelle Kuh auf dem Bildschirm eine gerade so natürliche Sache wie die leibhaftige Kuh auf der Weide. Wer hätte da wohl recht? Beide, natürlich!

Niveau

Als Abkürzung für das englische Pfund, in der Landessprache *pound*, erscheint in der Wechselkurstabelle nicht etwa ein „p“, sondern ein grosses „£“ mit einem kleinen Querstrich, und vor der Einführung des Euro figurierte darunter als Abkürzung für die italienische Lira jeweils noch ein zweites solches „L“ ohne diesen kleinen Querstrich. Hinter beiden Zeichen steht die lateinische *libra*, die im römischen Masssystem ein „Pfund“ von zwölf Unzen, in unserem Masssystem 327,45 Gramm, und zugleich im übertragenen Sinne die „Waage“ bezeichnete; daher kommt auch das lateinische Verb *deliberare* mit der deutschen Lehnübersetzung „erwägen“.

Eine Schwester dieser römischen *libra*, die griechische *lítra*, ist in Süditalien und Sizilien zu Hause gewesen. Dort war in klassischer Zeit neben der knapp fünf Gramm schweren Silber-Drachme die knapp ein Gramm schwere Silber-Litra in Umlauf; ursprünglich hatte auch diese sizilische Litra einmal den Wert von einem Pfund Bronze repräsentiert. Über eine mittellateinische *litra* und das französische Hohlmass des *litron* – so seit dem späten 16. Jahrhundert – und später des *litre* – so seit dem späten 18. Jahrhundert – ist aus der alten griechischen Gewichtseinheit der *lítra* schliesslich im 19. Jahrhundert unser „Liter“ geworden.

Soweit die antiken und modernen Münz- und Masseinheiten, und soweit die augen- und ohrenfälligen Wortverwandtschaften. Hier meldet sich nun noch ein heimlich verwandter französischer Vetter zu Wort, den es im Dictionnaire vom „L“ zwei Plätze weiter zum „N“ verschlagen hat; die beiden Buchstaben sind ja als „liquide“, das heisst als „flüssige“ Laute nahe verwandt. Der Vetter heisst „Niveau“; wie im Anlaut des Wortes das fliessende „L“ zum fliessenden „N“ geworden ist, so in seiner Mitte der weiche Lippenlaut „b“ zu dem behauchten Lippenlaut „v“.

Der Weg von der Waage zum „Niveau" führt über römische Nivellierinstrumente. Aus einer *libra aquaria,* einer „Wasserwaage", war in Augusteischer Zeit bei dem Architekten Vitruv eine verkleinerte, handlichere *libella,* ein „Wasserwäglein", geworden, daraus wieder im Spätlateinischen ein gleichbedeutender maskuliner *libellus,* daraus wieder im Altfranzösischen erst ein *livel,* dann mit der besagten Verschiebung der Liquiden ein *nivel* und daraus schliesslich das uns geläufige „Niveau". Das von dieser *libra* abgeleitete klassisch-lateinische Verb *librare* hat die Grundbedeutung „ins Gleichgewicht bringen, in die Waagerechte bringen"; als Terminus technicus der römischen Baukunst, etwa mit Bezug auf eine Wasserleitung, bedeutete es geradezu „nivellieren".

Im 15. Jahrhundert hat sich die Bedeutung des französischen *niveau* von dem Messinstrument auf die so gemessenen Waagerechten und Senkrechten, Höhen und Tiefen selbst verschoben, und seit dem 18. Jahrhundert misst das Wäglein dieses Wortes neben den baulichen auch noch allerlei andere Höhen und Tiefen und im Besonderen, was immer das bedeuten mag, das „geistige Niveau". Da wird nun nicht mehr wie in Hochbau und Tiefbau peinlich genau mit der Wasserwaage und nicht mehr in Metern und Zentimetern gemessen; da kann eine Zufallsbekanntschaft, eine Veranstaltung oder eine Fernsehserie auf der nach oben offenen Skala der geistigen Ränge grob abgeschätzt vergleichsweise mehr oder weniger Niveau, ein „gewisses" oder im schlimmsten Fall überhaupt „kein Niveau" haben; ganz so schlimm kann es um die vielen inserierten Heiratskandidaten und -kandidatinnen „mit Niveau" jedenfalls nicht stehen.

Die weitaus hübschesten, doch zugleich flüchtigsten Verwandten der alten lateinischen *libra* aber sind die räuberischen Wasserjungfern mit den metallisch glänzenden Leibern und schwirrenden schimmernden Flügeln, die nicht nur ausgesprochen elegant von einem Jagdgrund zum anderen hinüberzufliegen, ja hinüberzuschiessen, sondern auch buchstäblich „waagerecht" an Ort und Stelle in der unbewegten Luft eines heissen Sommertages zu verharren vermögen: die „Libellen" oder auf deutsch die „Wasserwäglein".

November

September, Oktober, November, Dezember: So, buchstäblich genau so, hiessen diese Monate schon zu Caesars Zeiten, ja schon Jahrhunderte zuvor. Da mag der Lateiner seine *septem, octo, novem, decem,* der Italien-Fan seine *sette, otto, nove, dieci* an der rechten Hand herzählen, und dem Musiker mögen seine Septimen, Oktaven, Nonen und Dezimen in die Ohren fallen. Die alten Römer haben diese spätsommerlichen, herbstlichen Monate schlicht durchgezählt, als den „Siebten", den „Achten", den „Neunten", den „Zehnten". Und hätte nicht Gaius Julius Caesar den alten *Quintilis,* den „Fünften", zu seinem „Julischen", Kaiser Augustus den alten *Sextilis,* den „Sechsten", zu seinem „Augusteischen" Monat gemacht, so liefe diese altrömische Monatszählung wohl noch heute von einem „Quintil" und einem „Sextil" bis zum Dezember durch.

Die lateinischen Monatsnamen *September, October, November, December* sind Adjektive, Ableitungen von den entsprechenden Zahlwörtern. Ihr männlicher Adjektivausgang *-ber* verweist auf das männliche Bezugswort *mensis,* „Monat"; pedantisch genau genommen, ist der *November (mensis)* eigentlich der „Neuntliche (Monat)".

Allerdings geht dieser Monatskalender zwei Zähler nach: Für uns ist der September, der römische „Siebte", schon der Neunte und der römische „Neunte", der November, schon der Elfte. Die Zählung dieser altrömischen Monatsnamen geht auf einen bäuerlichen Jahresbeginn am 1. März zurück. Zwar hatte schon Caesar zugleich mit der Einführung seines „Julianischen" Kalenders im Jahre 45 v. Chr. den Beginn des bürgerlichen Jahres auf den 1. Januar vorgezogen, auf den Tag, an dem seit alters das Amtsjahr der neuen Konsuln und der übrigen neugewählten Magistraten begann. Aber die altvertraute Monatszählung mit den entsprechenden Monatsnamen blieb von dieser Vorverschiebung des Jahresbeginns unberührt und erinnert bis heute an das bäuerliche Jahr der alten Republik, da die Römer noch am 1. März Neujahr feierten, der *September,* der „Siebtliche", wirklich noch siebte und der *December,* der „Zehntliche", wirklich noch der zehnte Monat war.

Wie in den Monatsnamen von September bis Dezember, so schlägt der hergebrachte Jahresanfang am 1. März übrigens auch Ende Februar noch einmal durch: Mit seinen charakteristischen 28 Tagen präsentiert sich der Februar seit ältester Zeit und bis heute als eine Art Rumpf- und Stumpfmonat, als der Auslauf des Jahres. Und gegen dieses altrömische Jahresende hin, nach den „Terminalien", den „Grenzsteinopfern" am 23. Februar, hatte in der Zeit vor Caesars Kalenderreform auch der alle zwei Jahre fällige Schaltmonat von abwechselnd 22 oder 23 Tagen und hat ja seit dieser Kalenderreform bis heute auch der eine alle vier Jahre fällige julianische Schalttag seinen angestammten Platz.

September, Oktober, November, Dezember: Da macht doch wirklich hie und da ein neunmalschlauer Kritikaster einen Punkt daraus, dass die Römer in ihrer genugsam bekannten Nüchternheit die Monate vom alten *Quintilis* bis zum Dezember einfach durchgezählt hätten. Aber erstens zählen wir die Monate und neuerdings ja auch die Wochen genau so nüchtern durch, und zweitens scheinen uns die alten Monatsnamen wie September und Oktober ja nur darum so septemberlich und oktoberlich, novemberlich und dezemberlich, weil die lateinischen Zahlwörter uns nicht mehr so sprechend ins Ohr fallen. November: das ist für uns nicht mehr schlicht ein „Neuntlicher", sondern Morgennebel, Nieselregen, Kälte, Nässe, erster Schnee und erster Pflotsch, kurzum Novemberwetter, Novembertristesse. Erst als das blanke Zahlwort sich daraus verflüchtigt hatte, konnte der „November" sich so recht nasskalt novemberlich stimmen, und das gilt mit umgekehrtem Vorzeichen, zum Trost sei's gesagt, ja auch für den nachfolgenden adventlichen, weihnachtlichen „Dezember".

Papier

Der Wörterexport und -import unter den Sprachen folgt in aller Regel dem Warenimport und -export unter den Ländern und überhaupt den Kulturströmen über die Sprach- und Ländergrenzen, über die Jahrhunderte und Jahrtausende hinweg. Da werden mit den fremden Waren huckepack auch die fremden Wörter ausgeführt und eingeführt, wie wir erst jüngst mit dem Computer samt Hardware und Software ganze Hundertschaften englischer Fachwörter auf unsere deutsche Harddisc kopiert und dann mit dem Internet samt e-mail einen zweiten Schub brutal eingedeutschter Anglizismen wie „surfen", „mailen" und „chatten" etc. etc. downgeloaded haben.

Die Chinawaren bildeten da eine interessante Ausnahme. So geht der Name der seit alters aus China importierten Seide über mittelhochdeutsch *side,* althochdeutsch *sida,* mittellateinisch *seta* doch wohl auf die klassisch-lateinische *saeta,* „Tierhaar", zurück; so hat das chinesische Porzellan, das Marco Polo im 15. Jahrhundert als erster nach Europa brachte, seinen abendländischen Namen von einer weissglänzenden Meeresschnecke, der beziehungsreich so benannten *concha porcellana* oder *concha Veneris,* der „Schweinsschnecke" oder „Venusschnecke", übernommen; und so hat auch das chinesische Papier seinen angestammten Namen im Reich der Mitte zurückgelassen.

Sein neuer Name, das „Papier", ist auch selbst einmal so huckepack in den Westen gekommen, er nicht aus dem Fernen, sondern aus dem Nahen Osten. Das in der griechischen und römischen Welt von der Frühzeit bis in die Spätantike allgemein gebräuchliche Papier hatte seinen Namen von der im Nildelta dicht bei dicht wachsenden, in Massen geschnittenen Papyrusstaude, aus deren fasrigem Mark es gewonnen wurde. Die Herkunft des

Wortes, das im Altgriechischen – mit Betonung auf der ersten Silbe – *pápyros,* im Lateinischen – mit Betonung auf der langen zweiten Silbe – *papýrus* lautet, bleibt im Dunkeln; griechischen Ursprungs ist das Wort offenkundig nicht.

Umso besser sind wir durch einen ausführlichen Bericht des älteren Plinius über die Herstellung dieses ägyptischen Papiers unterrichtet. Zunächst schnitt man das lockere, poröse Mark der Papyrusstaude der Länge nach in schmale, dünne Streifen; dann legte man eine Reihe solcher Streifen dicht nebeneinander und quer darüber im rechten Winkel zu der ersten Lage eine zweite ebensolche Lage; schliesslich klopfte man die beiden so im Rechteck ausgelegten Lagen mit einem flachen Stein oder Hammer zu einem dünnen, glatten Papyrusblatt zusammen, wobei der eigene Saft der Papyrusstaude als ein natürlicher Klebstoff wirkte. Waren diese Blätter vollends getrocknet und nochmals geglättet, so klebte man eine Reihe dieser Bogen zu einer regelrechten Rolle aneinander; gewöhnlich waren solche Buchrollen sechs bis zehn Meter lang und fünfundzwanzig bis dreissig Zentimeter hoch.

Wie später das Pergament nach seiner – vermeintlichen – Heimatstadt Pergamon, so nannten die Griechen diesen *pápyros* nach der phönizischen Hafenstadt Byblos auch *býblos* oder *bíblos;* über diesen halbwegs zwischen Beirut und Tripoli gelegenen Hafen, heute Gubail, wurden solche Papyrusrollen in allen möglichen Qualitäten und Formaten jahrhundertelang bis zum Zusammenbruch des Imperium Romanum in die griechische und später in die römische Welt verschifft.

Der Papyrushandel hat dieser phönizischen Stadt nicht nur bis in die Spätantike hinein ein üppiges Leben, sondern auch bis zum heutigen Tage einen leuchtenden Nachruhm, fast möchte man sagen: bis zum jüngsten Tage eine kleine Unsterblichkeit beschert. Nach dem Papyrus, dem *býblos* oder dann *bíblos,* haben die Griechen die Buchrolle und damit überhaupt das Buch *byblíon* oder dann *biblíon* genannt, und dieses Wort ist noch viel weiter als jene alten Papyrusladungen um die ganze Welt gegangen. In ihm wird der Name des alten Byblos fortleben, solange es Bibliotheken und Bibliothekare, bücherliebende Bibliophile und büchertolle Bibliomanen gibt, von der „Bibel", diesem einen Buch der Bücher, samt der daraus entstellten „Fibel", dieser alten Kinderbibel, ganz zu schweigen.

Papst

Die Wortgeschichte vom „Papst“ führt am Ende wie alle Wege nach Rom; ihren Anfang nimmt sie im späten 8. Jahrhundert v. Chr. weitab bei den mythischen Phäaken, in Homers „Odyssee“. Da bittet in dem zauberhaften 6. Gesang die Königstochter Nausikaa ihren Vater: „Papa, lieber, kannst du mir heute nicht den Wagen bereitmachen lassen, den hohen, gutberäderten, dass ich die herrlichen Gewänder zum Fluss fahre, zum Waschen ...?“

„Páppa phíl'...“, „Papa, lieber...“ – so heisst das im alten Griechisch, und da sind wir wirklich ganz am Anfang: „Mama“ und „Papa“ sind so genannte „Lall“-Wörter aus dem ersten Lebensjahr, in dem die Kinder noch nicht viel mehr als papp sagen können; zur Familie dieser „Papp“-Wörter gehören noch das dahinplätschernde „Pappeln“ und „Babbeln“, „Plappern“ und „Brabbeln“ und das doppelt gemoppelte „Papperlapapp“. Stolz, wie Väter nun einmal sind, haben die griechischen Grammatiker das erste *„páppa!“* ihrer Söhne und Töchter als einen korrekt gebildeten Vokativ gedeutet und daraus einen entsprechenden Nominativ *páp(p)as* erschlossen. In der Folge hat sich zu diesem *páp(p)as* für den „Papa“ im Griechischen noch ein *páppos* für den „Grosspapa“ – und in der Komödie auch einmal ein *pappepípappos*, wörtlich ein „Grosspapa auf dem Grosspapa“, für den „Ururgrosspapa“ – hinzugesellt. Der entsprechende Vokativ für einen Grossvater lautete demnach *„Páppe!“*, was einem griechischen Grossvater wie ein honigsüsses „Grosspapa!“ in die Ohren fiel und ihn keineswegs an irgend etwas Pappiges denken liess.

Im klassischen Latein erscheinen die griechischen Wörter als *papas* beziehungsweise *pappus*. Interessant wird es dann wieder, als das Wort in den dunklen Jahrhunderten zwischen der Spätantike und dem Mittelalter aus der Kindersprache in die Kirchensprache aufstieg, als die Gläubigen ihren

Bischof und schliesslich besonders den Bischof von Rom als ihren väterlichen *papa* oder auch *papes* ansprachen. Vielleicht hat das Nebeneinander des latinisierten *propheta* und des griechisch lautenden *prophetes* hier das Muster für den Wechsel zwischen einem latinisierten *papa* und einem wieder gräzisierten *papes* abgegeben. Wie immer: Aus diesem *papes* ist dann der alt- und mittelhochdeutsche *bâbes* hervorgegangen, dem im 13. Jahrhundert – wer weiss, woher – dann noch ein auslautendes „-t“ zugeflogen ist: *„Owê!“*, klagt Walther von der Vogelweide, *„der bâbest ist ze jung!“*

Die Renaissance, die „Wiedergeburt“ des im Westen vergessenen Griechischen und des klassischen Ciceronischen Lateins, hat auch diesem Wort eine kleine Wiedergeburt beschert und aus dem nordländisch-barbarisch aufgeweichten *bâbest* oder *bâbst* wieder einen griechisch-lateinisch gehärteten „Papst“ werden lassen. Auf einer niedrigeren Stufe der klerikalen Hierarchie war der lateinische *papa* schon längst zuvor zum „Pfaffen“ geworden.

Von den „Papabili“, den für eine Papstwahl in Frage kommenden Kardinälen, bis zu ebendieser „Papstwahl“ selbst verzeichnet Dudens „Grosses Wörterbuch der deutschen Sprache“ aus dem Jahre 1994 eine ganze Reihe päpstlicher Stichwörter. Eines ist seither noch hinzugekommen, und da schliesst sich der Bogen: von jenem väterlichen Pappamobil, dem „hohen, gutberäderten“ mit den zwei Maultierstärken, das Nausikaa sich mit ihrem unwiderstehlichen *„Páppa phíl’“* ausbittet, bis zu dem päpstlichen „Papamobil“, von dem aus heute der Papst, fast drei Jahrtausende später, seinen väterlichen Segen austeilt.

Paradies

Wo lag das Paradies? Über das Geographische mögen sich Paläobotaniker und Paläozoologen die Köpfe zerbrechen; was das Wort angeht, so können wir Paläophilologen die Sache eine Strecke weit verfolgen, und da führen die Spuren verlässlich ins Persische, ins alte Perserreich.

Das Paradies: das ist für uns der von vielerlei Bäumen beschattete, von vier Strömen, darunter Tigris und Euphrat, bewässerte, mit vielerlei Tieren bevölkerte „Garten in Eden", von dem der (zweite) Schöpfungsbericht im 1. Buch Mose berichtet, der Schauplatz des Mythos von Sündenfall und Vertreibung. Nur: Das Wort „Paradies" findet sich noch nicht im hebräischen Original, sondern erst in der griechischen Übersetzung des Alten Testaments durch alexandrinische Gelehrte aus dem 3. Jahrhundert v. Chr. und wieder in der lateinischen Bibelübersetzung des Kirchenvaters Hieronymus aus dem 4. Jahrhundert n. Chr. Da heisst dieser „Garten in Eden" im 1. Buch Mose, Kapitel 2, Vers 8 im Griechischen *„parádeisos"* beziehungsweise im Lateinischen *„paradisus* in Eden".

Im Fremdwörterbuch steht das „Paradies" zwischen lauter griechischen „Para"-Wörtern. Das griechische Kopfstück *para-* bedeutet „neben-"; daher kommen etwa die nebeneinander herlaufenden „Parallelen", das beispielhafte „Paradigma" und die gleichnishafte „Parabel", der neben den Text geschriebene „Paragraph", die „Parapsychologie" oder der mehr oder weniger geduldet nebenher mitessende „Parasit". Im Falle einer „paradoxen", das heisst „wider Erwarten" eingetretenen Entwicklung hat sich dieses „neben-" über ein „ausser-" in ein „gegen-" verdreht: Da hat für einmal die grosse Mehrheit mit ihrer Erwartung ganz „daneben" gelegen. Aber unter allen diesen „Para"-Wörtern sitzt das „Paradies" wie ein Kuckucksjunges im Nest; hinter dem griechischen *parádeisos* steckt nichts Griechisches, sondern vielmehr ein altpersisches *pairi-daeza* in der Bedeutung eines von Hag und Zaun umschlossenen Wildparks.

In der klassischen griechischen Literatur begegnet das Wort zuerst und gleich mehrfach im frühen 4. Jahrhundert v. Chr. bei dem Athener Xenophon, und dies durchweg mit Bezug auf die ausgedehnten Wildgehege persischer Könige und Adliger. So gleich zu Anfang der „Anabasis", wo der griechische Söldnerzug das phrygische Kelainai, das heutige Dinar, passiert: „Da hatte (der persische Prinz und Thronprätendent) Kyros eine königliche Residenz und einen grossen *parádeisos* voll wildlebender Tiere, die er vom Pferd aus zu jagen pflegte, wenn er sich und seinen Pferden Bewegung schaffen wollte. Mitten durch diesen *parádeisos* fliesst der Mäander hindurch, und die Quellen des Flusses entspringen innerhalb der Residenz ..."

Im klassischen Griechisch ist dieser *parádeisos* ein seltener Vogel, geradezu ein wirklicher und wahrhafter Paradiesvogel, geblieben. Und so mag man es verstehen, dass die 72 jüdischen Gelehrten, die damals nach der alten Legende in Alexandreia die griechische sogenannte „Septuaginta", die Bibel der „Siebzig", schufen, diesem „Garten in Eden" nicht den gewöhnlichen *képos* für den Feld-Wald-und-Wiesen-„Garten", sondern diesen besonderen königlichen *parádeisos* zugehalten haben: Auf ihm lag der Märchenglanz orientalischer Üppigkeit und zugleich unerschöpflicher Wildnis und Weite.

Adam und Eva sind aus dem alten Paradies in Eden längst vertrieben. Doch ihre Söhne und Töchter haben es mittlerweile perfekt heraus, im Schweisse ihres Angesichts allenthalben allerneueste „Paradiese" aus dem Boden zu stampfen: Einkaufsparadiese und Spielerparadiese, Freizeitparadiese und Ferienparadiese. Bleibt die Frage: Ist der Kunde in diesen postpersischen Wildgehegen nun eigentlich der jagende König oder das gejagte Rotwild?

Paradigmenwechsel

Die Jahreszeiten und die entsprechenden Moden wechseln im vertrauten Rhythmus; anderes wechselt heute häufiger als früher, und wieder anderes hat erst neuerdings zu wechseln angefangen, wie die Paradigmen. Da beklagt die eine den jammervollen „Paradigmenwechsel" der Bildungspolitik von der Universität Humboldtscher Prägung zu Verschulung und Kontrolle; da fordert ein anderer einen entschiedenen „Paradigmenwechsel" in der Gesundheitspolitik vom Händchenaufhalten zur Selbstverantwortung. Klar, dass ein Wechsel ein Wechsel ist; aber was, bei Hermes, ist ein Paradigma?

Ein Paradigma, griechisch *parádeigma,* ist ein „Muster" oder „Beispiel". Da steht am Anfang das Kopfstück *para-,* „neben, (aussen) entlang an" wie in den nebeneinander herlaufenden „Parallelen" oder „ausserhalb, entgegen" wie in dem aller Erwartung zuwiderlaufenden „Paradox"; da steht in der Mitte der Verbstamm *deik-* mit der stammverwandten Bedeutung „zeigen"; und da steht am Ende das verdinglichende Schwanzstück *-ma,* das aus dem Ganzen ein „Nebenbei-Gezeigtes" macht. Andere Sprachen, andere Bilder: das griechische *parádeigma* ist ein solches „Nebenbei-Gezeigtes", das lateinische *exemplum* ein aus der Vielzahl der Fälle „Herausgenommenes, Herausgegriffenes", unser deutsches „Beispiel" ein „Nebenbei-Erzähltes", in volksetymologischer Umdeutung ein die übrigen Fälle beiläufig „Umspielendes".

Das griechische Wort mit dem Plural *paradeígmata* begegnet uns zuerst im 5. Jahrhundert v. Chr. in Herodots Geschichtswerk; dort bezeichnet es einmal hölzerne, bemalte Plastiken von Leichnamen, die in den Werkstätten der Einbalsamierer als makabre Muster für die verschiedenen Arten der Einbalsamierung ausliegen, ein andermal das – gewiss ebenfalls hölzerne –

massstabgerechte Modell eines neu zu errichtenden Tempels. In der Folge steht das Wort für die Modelle der Bildhauer und Maler und so in bildlicher Sprache auch für die Platonische Idee: Wenn ein irdischer, menschlicher Staat irgend glücklich werden solle, heisst es einmal in Platons Staatsutopie, müssten die „Maler“ dieses Staates, die Gesetzgeber, ein himmlisches, „göttliches *parádeigma*“ vor Augen haben, ihn davon abzumalen...

Zugleich ist dieses *parádeigma* im Sinne eines „Beispiels“, eines mitreissenden Vorbilds oder einer abschreckenden Lektion, geläufig geworden. Doch seinen Weg durch die Jahrtausende genommen hat das Wort weder durch die himmlischen Gefilde der Platonischen Ideen noch durch die irdischen Regionen der guten oder schlechten Beispiele, sondern auf der staubigen Landstrasse der griechischen und lateinischen Schulgrammatik, als Terminus technicus für das Schul-„Beispiel“ einer Deklination oder Konjugation. In dieser Bedeutung ist das Wort in der Spätantike aus dem Griechischen ins Lateinische übergegangen, und wie einst der Bildhauer oder Erzgiesser auf die leibhaftige Venus von Fleisch und Blut schaute, um nach ihrem *parádeigma* seine marmorne oder bronzene Venus zu schaffen, so schaute nun der Lateinschüler auf sein *amo, amas, amat...,* um nach diesem Paradigma die übrigen Verben der a-Konjugation durchzukonjugieren.

Erst in jüngster Zeit hat sich das Wort wieder in philosophische, weltanschauliche Höhen aufgeschwungen, zuerst in der Morgendämmerung dieses 3. Jahrtausends, als das Old Age mit einem paradigmatischen „Paradigmenwechsel“ zum New Age überwechselte. Inzwischen hat das stolze Wort schon wieder einiges an Höhe verloren: Durchaus beiläufige Kursberichtigungen sei es einer Regierungspolitik, sei es einer Firmenphilosophie werden als grundstürzende beziehungsweise grundlegende „Paradigmenwechsel“ an den Pranger gestellt oder aufs Podest gehoben. *Greek is beautiful,* und was wäre ein Wechsel ohne solch ein änigmatisch-rätselhaftes „Paradigma“ davor? Eben doch nur ein ganz gewöhnlicher Feld-Wald-und-Wiesen-Wechsel.

Parken

Dass der Schlosspark von Versailles kein Parkplatz ist, das ist jedem auch ohne alle Parkverbotsschilder klar; die Parkbänke darin laden ja auch nicht zum Parken, sondern zum Ausruhen ein. Aber warum heisst dann der eine Park mit dem grünen Rasen und den alten Bäumen gerade so wie der andere Platz mit dem grauen Asphalt und den Parkometern? Das geläufige lateinische Verb *parcere,* „sparen, schonen", hat die Grundbedeutung „ruhen lassen"; sollte da des Rätsels Lösung liegen? Der Lateinschüler, der Jupiters *„Parce metu!"* in Vergils „Aeneis" frohgemut mit „Parke die Furcht!" übersetzen wollte, hätte damit ja gar nicht so weit danebengeschossen. Aber so verführerisch der Anklang sich anhört: Weder mit unserem „Schlosspark" noch mit unserem „Parkplatz" hat dieses lateinische *parcere* das Geringste zu tun.

Immerhin lässt sich der französische *parc,* der italienische *parco,* der englische *park* und schliesslich unser „Park" auf einen gemeinsamen lateinischen Ursprung zurückführen: auf ein Substantiv *parricus,* das einen eingezäunten, eingehegten Raum, etwa ein Tiergehege bezeichnete; so sprechen wir ja heute noch von einem „Wildpark". Nur: dieser *parricus* ist offenkundig nicht lateinischen Ursprungs; er begegnet erst in mittelalterlichen mittellateinischen Texten und hat im klassischen Latein der Antike und der Spätantike keinerlei Verwandte. Vielmehr deuten ein gleichbedeutendes kymrisches oder walisisches *parr* sowie fernere iberische Verwandtschaften auf eine andere, wahrscheinlich keltische Herkunft. Eine frühe Entlehnung dieses lateinischen *parricus* hat zu einem althochdeutschen *pfarrich,* einem mittelhochdeutschen *pferrich* und weiter zu unserem „Pferch" geführt.

So undeutlich sich diese schwache Spur im walisischen Bergland verliert, so genau lässt sich die Geschichte des Wortes in der Neuzeit verfolgen. Im

Französischen bezeichnete der *parc* sowohl eine ausgedehnte, von einer Einfriedung umschlossene Gartenanlage wie jenen „Schlosspark“ von Versailles als auch ein wiederum eingezäuntes, abgesperrtes militärisches Depot für allerlei Fahrzeuge und Geschütze, Munition und anderes Kriegsgerät. Offenbar war der rings umlaufende Lattenzaun für die Wortbedeutung wichtiger, als was der „Zwischenraum, hindurchzuschauen“, dahinter sehen liess.

In beiden Bedeutungen, der grünen und der grauen, ist das Wort im 18. Jahrhundert aus dem Französischen ins Deutsche übergegangen. In dem zweiten Sinne sprechen wir ja bis heute von einem „Fuhrpark“ oder einem „Wagenpark“, wobei sich die Bedeutung des Wortes im Nachhinein von dem Abstellplatz auf die darin abgestellten Fahrzeuge übertragen hat. Aus dieser militärischen Bedeutung hat sich im letzten Jahrhundert über das englische *to park* die rund um die Welt geläufige zivile Bedeutung des „Parkens“ entwickelt. Kein Wunder, dass dieser Spross der Wortentwicklung im Jahrhundert des Automobils üppig ins Kraut geschossen ist.

Auf die Grundbedeutung des eingezäunten, eingehegten Raumes geht auch das geometrisch gemusterte, in Randstreifen eingefasste „Parkett“ zurück, mit dem die vornehme Gesellschaft zuerst im späten 16. und im 17. Jahrhundert ihre Repräsentationsräume schmückte. Und so denn auch das „Parkett“ im Theater, auf dessen fein geschliffenen Riemen sich ebendiese vornehme Gesellschaft vor den gröber gehobelten Brettern, die die Welt bedeuten, je nachdem, was es gab, amüsierte oder ennuyierte.

Zuallerletzt ist zu alledem noch das „Parkstudium“ irgendeines unterhaltsamen Faches hinzugekommen, mit dem der Parkstudent den Ein-, Zwei-, Drei-Semester-Stau vor den Schranken des Numerus clausus aussitzt, und da mögen sich die zwei Bedeutungsstränge, der grüne vom „Schlosspark“ und der graue vom „Parkplatz“, unversehens wieder kreuzen, wenn der Parkstudent von der Kunstgeschichte und die Parkstudentin von der Psychologie auf der Parkbank hinter der Uni über Mittag zwischenparken.

Pass

Zwei „Pässe“: Den einen nimmt man unter die Füsse, wenn es über die Berge zwischen zwei Tälern geht, den anderen nimmt man in die Hand, wenn es über die Grenze zwischen zwei Ländern geht. Die beiden sind alte Landsleute und Weggefährten, und sie passen nicht nur zueinander, sondern auch zu diesem „Passen“ selbst und zu einer langen Reihe anderer „Pass“-Wörter, bis hin zu dem allerjüngsten digitalen „Passwort“, das in diesem Internet-Zeitalter als ein Sesam-öffne-dich dient.

Das eine alte Passepartout, das den Zugang zu all diesen „Pass“-Wörtern erschliesst, ist das lateinische Verb *pandere,* „öffnen, spreizen“. Der Stamm ist uns nicht fremd: Der Marketing-Manager träumt vom „Expandieren“ und trainiert schon mal beziehungsreich mit dem „Expander“. Zu diesem *pandere* gehören zwei Partizipien Perfekt Passiv, ein selteneres *pansus,* das sich über eine spätantike *expansio,* „Ausspreizung, Ausweitung“, in unserer „Expansion“ ausgeprägt hat, und das häufigere *passus,* das über das Substantiv *passus* mit dem Genitiv *passūs,* „Schritt“, zu unserem „Pass“ geführt hat.

Dieser *passus,* eigentlich überhaupt „das Öffnen, Spreizen“, hat seine Bedeutung früh auf ein kräftiges „Ausschreiten“ verengt. Von Anfang an erscheint das Wort in der Bedeutung „Schritt“ und zugleich als ein geläufiges Längenmass. Da ist zweierlei anzumerken: Erstens, dass der Homo sapiens und so auch ein römischer Legionär auf zwei Beinen durch die Welt geht und dieser *passus* darum nicht als einzelner Schritt, sondern als Doppelschritt in das römische Masssystem eingegangen ist, und zweitens, dass ein solcher Doppelschritt von genau fünf römischen Fuss oder heute knapp anderthalb Meter Länge auf vergleichsweise grosse Legionärsfüsse und vergleichsweise kurze Legionärsbeine zurückschliessen lässt. Wie auch immer:

in dieser doppelten Bedeutung als „Schritt“ und als Längenmass hat sich das Wort im Marschtempo der römischen Legionen im ganzen Imperium Romanum ausgebreitet.

Dabei sind die „tausend (Doppel-) Schritte“ von heute knapp anderthalb Kilometer Länge, im lateinischen Plural die soundsovielen *milia passuum,* zum geläufigen Streckenmass für grössere Entfernungen geworden. Wohl da man durchweg einfach von den *milia,* den „Tausendern“, sprach, erscheint dieses Mass entsprechend im Deutschen über althochdeutsch *mila,* mittelhochdeutsch *mile* als „Meile“, im Englischen als *mile* – wobei wieder anzumerken wäre, dass diese Meile sich seither auf gut 1600 Meter ausgedehnt und buchstäblich an den langbeinigen Norden „angepasst“ hat.

In der frühen Neuzeit, im 15. und 16. Jahrhundert, hat der alte *passus,* unser „Pass“, zunächst die Bedeutung eines Gebirgspasses, dann auch die eines Reisepasses angenommen. Schon im Mittelalter war aus dem lateinischen Substantiv noch das Verb *passare,* „vorübergehen“, hervorgegangen, daraus wieder ein französisches *passer* und daraus wieder ein eingedeutschtes „passen“ und ein fremdlautendes „passieren“. Das jeweils „Passende“ im Sinne des Angemessenen, Zugehörigen ist demnach eigentlich das nah „Vorüberkommende“ oder auch umgekehrt das nah am Weg Gelegene. So auch beim „Passieren“: Wenn ein Er oder eine Sie etwas passiert, gehen die Menschen an den Dingen vorüber; wenn dagegen, unpersönlich, „es passiert“, sehen wir umgekehrt die Dinge an den Menschen, und dann manchmal mit Knalleffekt, vorübergehen. Da heisst es, auf all die verschiedenen Dinge, die da kommen, achtsam „aufzupassen“ und nur ja keine Chance, zuzugreifen oder auszuweichen, achtlos zu „verpassen“.

„Pass“-Wörter über „Pass“-Wörter: Da gibt es geographische und finanzielle „Engpässe“, da bekommt einer einen „Laufpass“ oder einen „Freipass“, da gibt es „Schiffspassagen“, bei denen die Passagiere die Längen- und Breitengrade passieren, und „Ladenpassagen“, in denen die Passanten an den Läden vorüberflanieren, da überfliegt oder überspringt einer eine „Textpassage“ oder hier sogar noch einen original lateinischen „Passus“. Und fragte jetzt einer, wo jemals in aller Welt dieser alte *passus* eine Grenze hätte nicht passieren dürfen, so müssten wir ehrlich passen.

Pfingsten

„Pfingsten, das liebliche Fest war gekommen …" – so beginnt Goethes köstliches Tierepos „Reineke Fuchs". Unter allen hohen Festen des Kirchenjahres hat der „liebliche" Festtag des Heiligen Geistes doch den nüchternsten Namen, nüchterner als „Ostern", das um zwei, drei Ecken auf eine österliche Morgenröte deutet, und gar als „Weihnachten". „Pfingsten", der ursprünglich griechische Name dieses ursprünglich jüdischen Festes, bezeichnet ganz unheilig, ungeistlich den „fünfzigsten (Tag)". Es trifft sich gut, dass die Sieben-mal-Sieben gerade vor dem halben Hundert liegt; da die Antike beim Tage-Zählen regelmässig den ersten und den letzten Tag mitzählte, fällt der Pfingstsonntag sieben Wochen nach Ostern tatsächlich genau auf den fünfzigsten Tag.

Die Juden feierten an diesem „fünfzigsten Tag" – so wohl schon der jüdische Name – nach dem Passahfest ihr Ernte- oder Wochenfest, das im 5. Buch Mose (16, 9 f.) so eingeführt wird: „Sieben Wochen sollst du zählen; wenn man zum erstenmal die Sichel an den Halm legt, sollst du anfangen, sieben Wochen zu zählen. Dann sollst du dem Herrn, deinem Gott, das Wochenfest feiern mit einer freiwilligen Gabe von deiner Hand, die du gibst, je nachdem der Herr, dein Gott, dich segnet." An diesem „fünfzigsten Tag" nach dem jüdischen Passahfest und so auch der Auferstehung Christi geschah nach dem Bericht der Apostelgeschichte (2, 2 ff.) die Ausgiessung des Heiligen Geistes über die zwölf Apostel: „Und plötzlich entstand vom Himmel her ein Brausen, wie wenn ein gewaltiger Wind daherfährt, und erfüllte das ganze Haus, worin sie sassen. Und es erschienen ihnen Zungen, die sich zerteilten, wie von Feuer, und es setzte sich auf jeden unter ihnen. Und sie wurden alle mit dem Heiligen Geist erfüllt und fingen an, in andern Zungen zu reden, wie der Geist ihnen auszusprechen gab."

Im griechischen Original des Neuen Testaments heisst dieses jüdische Wochenfest *pentekosté (heméra)*, „Fünfzigster (Tag)“, und bei diesem Namen blieb es, als im 4. Jahrhundert das Fest des Heiligen Geistes zu gleichem Rang wie Ostern und Weihnachten aufstieg. Auch im lateinischen Westen nannte man das Pfingstfest griechisch *pentecosté;* daher heisst es im Französischen *Pentecôte,* im Englischen neben *Whitsuntide* auch *Pentecost.*

Das Deutsche ist mit dem ehrwürdigen neutestamentlichen Wort nicht ganz so ehrfürchtig umgegangen. Im Althochdeutschen begegnet uns die griechische *pentekosté* als eine wahre Chimäre, halb ins Deutsche übersetzt, halb barbarisch verhackstückt, als *fimfchustim,* und im Mittelhochdeutschen stossen wir dann schon auf Wendungen wie *vor, ze, an phingesten,* „vor, zu, an den Pfingsttagen“. Der hier auf die Präpositionen folgende Dativ Plural ist dann – wie übrigens entsprechend auch bei „Ostern“ und „Weihnachten“ – zu einem neuen Nominativ Singular erstarrt.

Dieses mittelhochdeutsche *phingesten* von 1200 n. Chr. kommt uns heute achthundert Jahre später ganz geläufig vor. Einem alten Griechen achthundert Jahre früher hätte dieser wunderliche west-östliche Sprachsalat schier die Sprache verschlagen. Nur gut, dass die Christen des 4. Jahrhunderts, für die Griechisch und Latein noch quicklebendige Weltsprachen waren, das nicht mehr haben mitanhören müssen, auch nicht, wie es ihren hohen Würdenträgern in unserem barbarischen Idiom ergangen ist: Wie da aus einem *presbýteros,* wörtlich einem „Älteren“, ein „Priester“ geworden ist, aus einem *epískopos,* wortwörtlich einem „Aufseher“, ein „Bischof“, aus einem *archiepískopos,* wortwortwörtlich einem „Oberaufseher“, gar ein „Erzbischof“. Aber sollen wir uns gerade an Pfingsten wundern, wenn aus altem Griechisch wunderliches neues Deutsch wird?

Problem

Die alten Griechen haben uns Jüngeren vielerlei „Probleme" hinterlassen, lösbare und unlösbare. Eines der ersten, aus der Mitte des 5. Jahrhunderts v. Chr., hat dem Zahn der Zeit viele Jahrtausende zuvor und viele Jahrhunderte seither fast unangeknabbert getrotzt: Da singt der Chor des Sophokleischen „Aias" in bildhafter Sprache von dem „bewaldeten, salzumspülten *próblema* des Meeres unter der hohen Felsenplatte von Sunion" und meint damit das Vorgebirge an der Südostspitze der attischen Halbinsel, Kap Sunion mit dem bekannten Poseidontempel auf dem äussersten Vorsprung. Das war damals noch kein „Problem", sondern buchstäblich ein „Vorsprung".

Fassen wir das griechische Wort einmal scharf ins Auge, so zerfällt es in drei durchaus unproblematische Teile. Das Kopfstück *pro-* bedeutet im Griechischen wie im Lateinischen „vor-" oder „nach vorn", das Rumpfstück *-ble-* vertritt ein Verb, das mit seinem Präsens *bállein* und der Grundbedeutung „werfen" im Lexikon steht, und das Schwanzstück *-ma* macht aus Kopf und Rumpf ein Ding; das ganze so zusammengesetzte *próblema* bezeichnet also ein „vor-" oder „nach vorn geworfenes Ding" wie jenes vom Land ins Meer vorspringende Kap Sunion. Andere Sprachen, andere Bilder: Was der einen ein „Vor-Sprung", ist der anderen ein „Vor-Wurf".

Nun kann nicht nur die Natur eine solche „Felsenplatte", sondern auch der Homo faber irgendwelche anderen Dinge vor sich hinwerfen oder vor sich aufwerfen, und so bezeichnet dieses griechische *próblema* im klassischen Griechisch überhaupt und wohl ursprünglich jegliche Schutz-„Vorkehrung" von dem vorgehaltenen Schild eines Schwerbewaffneten bis zum vorgeschobenen Bollwerk einer Festungsanlage, im übertragenen Sinne auch jede zur Verteidigung gegen eine Anklage vorgebrachte „Schutzbehauptung" und jeden zur Vernebelung hintergründiger Motive vorgeschützten „Vorwand".

Erst im 4. Jahrhundert v. Chr. und vollends erst durch die Schule des Aristoteles ist dieses *próblema* zum wissenschaftlichen „Problem", zu einer nicht leicht zu knackenden Knacknuss, geworden. Wer „wirft" da wem was „vor"? Nicht, versteht sich, die Lehrenden den Lernenden, sondern die Natur Lehrenden und Lernenden gleicherweise. Die Natur liebe es, sich zu verbergen, hatte Heraklit im späten 6. oder frühen 5. Jahrhundert v. Chr. einmal gesagt, und entsprechend präsentiert sich das „Problem" hier sozusagen als ein Schutzwall, den die Natur „vor sich aufwirft" oder je nach der gewählten Perspektive „vor uns aufwirft".

Das anschauliche Bild eines vorgeschobenen Bollwerks oder vor uns aufgeworfenen Schutzwalls ist bald wieder in Vergessenheit geraten. Schon in der „Poetik" des Aristoteles lesen wir einmal von „Problemen und ihren Lösungen", und in den folgenden Jahrhunderten konnte man geläufig sagen, jemand habe ein Problem „gelöst" oder für ein Problem „eine Lösung gefunden". Da hat sich ein anderes einprägsames Bild vor das ursprüngliche geschoben: das einer schwer zu lösenden Verknüpfung und vielleicht gar jenes hoffnungslos verknoteten, sprichwörtlich unlösbaren Gordischen Knotens, den der grosse Alexander – sei's nun *vero* oder *ben trovato* – kurzerhand in Stücke hieb. Es ging ja die Rede, wer es schaffe, ihn zu lösen, werde Herr über ganz Asien sein.

Mittlerweile haben wir jede Menge schier unlösbare internationale und interkulturelle, politische und wirtschaftliche, gesellschaftliche und soziale Probleme, und zugleich ist die souveräne Formel „Kein Problem!" zum allerkommunsten Allerweltsgriechisch geworden, fast auf gleichem Rang wie das englische „O. k." und das neudeutsche „Alles klar". „Kein Problem!", das heisst: Man hat die Welt im Griff, oder doch wenigstens den Zipfel, um den es gerade geht. Hatte nicht schon Alexander damals im phrygischen Gordion, als er lässig zu seinem vielzitierten Schwertstreich ausholte, den Kustoden und Touristen in der Runde ein büchmannverdächtiges *„Oudén próblema"*, „Kein Problem!" zugerufen? Jammerschade, dass das damals keiner protokolliert hat!

Punkt

Unsere kleine Geschichte des „Punktes" nimmt ihren Anfang, wo dieser oder sonst ein Satz an sein Ende kommt, bei dem kleinen Tüpfelchen Druckerschwärze am Fusse der Zeile, der uns die Stimme senken und neu Atem holen lässt; jetzt kommt er gleich, und hier ist er nun, gleich hinter dem Doppelpunkt: . Gefunden? Das kleine schwarze Tüpfelchen, das der in diesem Fall wohl auch unbildlich geneigte Leser da vor Augen hat, ist eine echte Antiquität, die allerkleinste und unscheinbarste von allen.

In der Mitte des 4. Jahrhunderts v. Chr. hat Aristoteles als erster mit dem Wort *diastízein,* „interpunktieren", auf eine *stigmé,* einen „Punkt", als Wegmarke im Wörterwald gedeutet; er sagt einmal, bei dem sprichwörtlich dunklen Heraklit sei es schon gleich im ersten Satz nicht leicht, richtig zu „interpunktieren". Und um die Wende vom 3. zum 2. Jahrhundert v. Chr. hat der alexandrinische Philologe Aristophanes von Byzanz die Homerischen Epen offenbar durchgehend derart „interpunktiert"; so bezeugt es die kritische Anmerkung eines jüngeren Kollegen (die Schweizer würden sagen: eines typischen „Tüpflischiessers"), dieser alte Aristophanes von Byzanz habe im 1. Gesang der „Ilias" in Vers 72 einen falschen Punkt gesetzt.

Diese Interpunktion mit Punkt und Komma, dann auch mit dem so genannten „Paragraphen", einem „danebengezeichneten" feinen Strich am Rande der Zeile, war wohl bereits in klassischer Zeit aufgekommen und wurde in hellenistischer Zeit zunehmend verfeinert. Sie zeigte an schwierigen Stellen an, wie der Herausgeber den Text verstand, und war gewiss auch sonst eine willkommene Lesehilfe. Die *scriptio continua,* die „fortlaufende Schreibung", der Antike kannte ja keine Wortzwischenräume, geschweige denn Gross- und Kleinschreibung, und so sah man doch wenigstens, wo der Satz aufhörte und ein neuer anfing.

Nun bezeichnen das griechische Verb *stízein* und das lateinische *pungere* eigentlich keineswegs ein fröhliches „Pünktchen-Tüpfeln", sondern ein stichelndes, buchstäblich unter die Haut gehendes „Stechen"; das griechische und das deutsche Wort, auch unser „stecken" und „sticken", sind alte Verwandte. Entsprechend ist die griechische *stigmé* eigentlich ein „Einstich", das lateinische *punctum*, später *punctus*, eigentlich ein „Eingestochenes"; die Mediziner sprechen in diesem Sinne ja noch von einem „Punktieren" und einer „Punktion".

Der Weg von dieser „Punktion" zur „Interpunktion" führt über die Tätowiernadel. Ursprünglich bezog sich das griechische *stízein* auf die nicht bei den Griechen, wohl aber bei manchen „Barbaren" geschätzten Tätowierungen und auf entsprechende Markierungen von Vieh, Sklaven und Gefangenen. Das diskriminierende „Stigma" und das „Stigmatisieren", auch die „Stigmata" Christi und und die „Stigmatisation" im eigentlichen und im übertragenen Sinn haben hier ihren Ursprung.

Zugleich mit den Philologen haben die griechischen Mathematiker diesen „Punkt" in ihren Wortschatz aufgenommen, und durch diesen mathematischen „Punkt", den Mittelpunkt eines Kreises oder den Schnittpunkt zweier Linien, ist das Wort in der Folge zum Bild für eine geringste Erstreckung, eine geringste Ausdehnung geworden. Ein Komödienvers nennt das Menschenleben einmal einen „Punkt", ein „Tüpfelchen Zeit". Mittlerweile ist dieses kleine Tüpfelchen am Ende des Satzes, inmitten des Kreises oder sonstwo im menschlichen Leben und Treiben zum vielfältig gebrauchten Bild geworden. Da gibt es schwache oder neuralgische Punkte, wunde oder dunkle Punkte, da gibt es tote Punkte, wenn es bei der Dampfmaschine oder in einer Verhandlung nicht mehr rund läuft, da gibt es den springenden Punkt und das Pünktchen auf dem „i", da kann einer heute sogar einfach „punkten", das heisst: „Punkte sammeln", und wenn wir wie hier mit unserem Latein am Ende sind, sagen wir kurzweg „Punktum!"

Putsch

Man stelle sich vor: Ein Putsch in der Schweiz; das Zürcher Rathaus, die Hauptsitze der Grossbanken und das Café Sprüngli in der Hand der Putschisten... Ein Szenario so undenkbar wie nur irgendeines, aber Spass beiseite: Weder das alte Athen noch das alte Rom, weder Lateinamerika noch Schwarzafrika, sondern ausgerechnet die politisch so ruhige Schweiz ist das Ursprungsland des „Putsches". Wie die luftigen „Luxemburgerli" kommt der knallharte „Putsch" aus Zürich, freilich aus einer Zeit, da es in der Limmatstadt noch turbulenter als heute zu und her ging.

Am Anfang steht ein „Stoss" oder ein „Schlag", den die sogenannte Lautmalerei oder eher Lautkleckserei wie anderswo als „Puff" oder „Patsch", so im Zürcher Dialekt als „Putsch" auf die Leinwand gemalt oder eben gekleckst hat. Bezeugt ist das Wort seit dem 15. und 16. Jahrhundert, und noch um die Mitte des 19. Jahrhunderts kann Jeremias Gotthelf schreiben: „Keck bewegte sich das Stubenmädchen im Getümmel; man sah, dass es ihm auf einige Putsche mehr oder weniger nicht ankam." Nicht eigentlich Sprachverwandte, sondern eher Lautverwandte hat der „Putsch" und das „Putschen" zunächst etwa im „Patschen" und „Panschen", dann auch im „Matschen" und „Manschen", im „Platschen" und „Planschen".

Schon vor der Mitte des 19. Jahrhunderts, in den politischen Unruhen und Umstürzen jener turbulenten dreissiger Jahre, war das Wort von dem Getümmel, in dem Gotthelfs Stubenmädchen sich da so unbekümmert um alle Putsche und Püffe bewegt, auf das wirkliche politische Getümmel in der Eidgenossenschaft übergesprungen. Zumal der gewaltsame, erfolgreiche Aufstand der Zürcher Konservativen gegen die liberale Staatsregierung im Jahre 1839 ist als der sogenannte „Zürichputsch" in die Schweizer Geschichte eingegangen. Ein Chronist nicht der Zürcher, sondern der

Basler Mundart notiert dazu: „Das Wort 'Putsch' stammt aus der guten Stadt Zürich, wo man einen plötzlichen vorübergehenden Regenguss einen 'Putsch' nennt und demgemäss die eifersüchtigen Nachbarstädte jede närrische Gemütsbewegung, Begeisterung, Zornigkeit, Laune oder Mode der Zürcher einen 'Zürichputsch' nennen. Da nun die Zürcher die ersten waren, die geputscht, so blieb der Name für alle jene Bewegungen ..."

Ein Zürcher war es denn auch, Gottfried Keller, der das lautmalende Wort in dieser Bedeutung eines politischen „Stosses" oder „Schlages" aus der Alltagssprache in die Literatur aufgenommen hat. In seinem „Grünen Heinrich" erinnert sich der Erzähler an seine Rückkehr über den Rhein in die Zürcher Heimat: „Beim schönsten Frühlingswetter sah ich Strassen und Wirtshäuser angefüllt und hörte das zornige Geschrei über gelungene oder misslungene Gewalttat. Man lebte mitten in der Reihe von blutigen oder trockenen Umwälzungen, Wahlbewegungen und Verfassungsänderungen, die man 'Putsche' nannte ..."

Der „Putsch" im Sinne eines gewaltsamen Umsturzes – oder doch des Versuches – ist damals in das politische Vokabular eingegangen, und er selbst, das „Putschen" und die „Putschisten" sind darin verblieben. Dagegen hat das „Aufputschen" im entsprechenden Sinne des Aufhetzens und Aufwiegelns in jüngster Zeit nochmals einen tüchtigen Putsch im ursprünglichen Sinne des „Stosses" bekommen, der das Wort von der politischen Szene hinüber in die Drogenszene und weiter in die Dopingszene verschlagen hat. Seither sprechen wir auch von einem psychischen und physischen „Sich-Aufputschen" und entsprechenden „Aufputschmitteln", und in diesem reflexiven Gebrauch ist das Wort hüben in die Party- und Diskoszene, drüben in die Dopingszene abgerutscht.

Für die lautmalende Sprache ist zwischen einem „Patsch" und einem „Putsch" zu Lande so wenig Unterschied wie zwischen einem „Plitsch" und einem „Platsch" im Wasser. Wer will denn schon jeweils so genau gehört haben, ob es da gerade „Patsch" oder „Putsch", „Plitsch" oder „Platsch" gemacht hat? Aber da scheiden sich die Wege der Wörter: Aus dem einen wird am Ende der harmlose „Patsch" eines Dreijährigen mit dem Patschhändchen in die Luxemburgerli, aus dem anderen die „blutige oder trockene Umwälzung" eines politischen „Putsches".

Quentchen

Die überschwengliche Freude, die einen schier vom Stengel fallen lässt, hat sich zu einer überschwänglichen verklärt, die einen schier vom Stängel kippen will, und entsprechend ist im neuen Duden aus dem „Quentchen" Glück ein „Quäntchen" Glück geworden. Wer bei den beiden ersten – aha! – an „Überschwang" und „Stange" gedacht hat, erinnert sich beim Dritten – aha! aha! – je nach der Fakultät an ein original lateinisches „Quantum", ein „Wieviel" oder dann auch „Soviel", oder an die schwierige Quantentheorie mit ihren fröhlichen Quantensprüngen.

Bei dem „Quäntchen" sind wir freilich mit dem Duden auf der falschen Fährte. Ursprünglich hat unser „Quentchen" alias „Quäntchen" ganz und gar nichts mit jenem lateinischen „Quantum" zu schaffen; eigentlich ist das „Quent" oder „Quentchen", ein altes deutsches Handelsgewicht, eher ein „Quintchen" als ein „Quäntchen". Dahinter stehen ein mittelhochdeutsches *quintin* und dahinter wieder ein mittellateinisches *quintinum,* was beides ein viertel Lot bezeichnete, und dahinter letztlich eine klassisch-lateinische *quinta pars,* ein „fünfter Teil" oder ein „Fünftel".

Ja wie nun: ein Viertel oder ein Fünftel? Klar ist, dass das lateinische Wort ein „Fünftel" bezeichnet, klar aber auch, dass diese altdeutschen Mini-Gewichte ein viertel Lot massen. Niemand weiss mehr, wie es da irgendwo, irgendwann von einem fünftel zu einem viertel Lot gekommen ist; allzu gross ist der Sprung ja nicht. Ein Stuttgarter, der in Zürich sein „Viertele" bestellt, bekommt dort die landesüblichen zwei Dezi eingeschenkt; ein Zürcher, der in Stuttgart seine „zwei Dezi" bestellt, bekommt dort das landesübliche Viertele: Da mögen die Massbezeichnungen schon einmal durcheinandergeraten, und entsprechend mag auch damals, *mutatis mutandis,* ein fünftel Lot irgendwie zu einem viertel Lot geworden sein.

Schon das ganze Lot, ein zweiunddreissigstel Pfund, war ein sprichwörtliches Leichtgewicht. „Am vierten Tage endlich gar / der Kaspar wie ein Fädchen war“, so beschliesst Dr. Heinrich Hoffmann die Geschichte vom Suppenkaspar: „Er wog vielleicht ein halbes Lot – / und war am fünften Tage tot.“ Ein einzelnes Quentchen, dieses „fünftel“ oder dann auch viertel Lot, brachte das Federgewicht von ein paar Gramm auf die Waage; kein Wunder, dass das Volk, das die Volksetymologien macht, aus diesem „Quentchen“ schon längst ein Mini-„Quantum“ herausgehört hat.

Schade, dass der Duden diese falsche Fährte mit dem neuen „Quäntchen“ jetzt rot ausgeschildert und die Brücke zu dem alten „Quent“ damit vollends abgebrochen hat. Der sprachgeschichtliche Hintergrund, erklärt die Redaktion dazu, sei uns nicht mehr geläufig; das Wort werde allgemein mit dem „Quantum“ verbunden. Richtig, richtig; aber gerade nach dieser jüngsten Rechtschreibreform könnte doch jede überschwänglich frühlingstrunken behände von Fels zu Fels, von Stängel zu Stängel springende Gämse uns lehren, dass es mit diesem „Quentchen“ – aha! aha! aha! – wohl seine eigene Bewandtnis haben müsse …

Und was ist eigentlich mit dem peinlich genauen „Pedanten“ und seiner „Pedanterie“? Der Pedant, letztlich nach dem griechischen *paideúein,* „erziehen“, und dann nach dem italienischen *pedante* der Commedia dell' arte und dem französischen *pédant,* ist eigentlich ein Schulmeister, die Pedanterie seine Déformation professionelle. Aber beide stehen auch im neuen Duden nicht, wo sie doch wohl hingehörten, bei dem guten „Pädagogen“ und dem üblen „Pädophilen“, sondern wie im alten Duden ein paar Spalten weiter zwischen dem „Pedal“ und der „Pediküre“. Aber sei's drum; die Pädagogen mögen sich freuen, und wir wollen hier ja nicht pedantisch werden!

Republik

Wer ein empfängliches Ohr für derlei Anklänge hat, wird aus der „Republik" zunächst einmal das „Öffentliche" heraushören: Das grosse „Publikum" klingt da an, die *Public relations,* die „Öffentlichkeitsbeziehungen", die „Publikation" und die „Publizistik". Und wer jemals in der Schule sein *„amo, amas, amat..."* gelernt hat, wird hinter dieser „Republik" sogleich die lateinische *res publica* hindurchscheinen sehen. Das Substantiv *res* bezeichnet irgendeine „Sache", das Adjektiv *publicus* bedeutet geläufig „öffentlich"; die Römer nannten ihren Staat römisch nüchtern die „öffentliche Sache". Im Zuge dieses Wortgebrauchs sprechen wir ja auch von „öffentlichen Einnahmen und Ausgaben" und der „öffentlichen Hand", die da einnimmt und ausgibt.

So weit, so gut; doch wenn wir unsere „Republik" und diese lateinische *res publica* vollends beim Wort nehmen wollen, so müssen wir noch einen Schritt darüber hinausgehen. Denn eigentlich, von Hause aus, heisst *publicus* im Lateinischen gar nicht „öffentlich": Wie hinter dem deutschen Adjektiv „öffentlich" das andere Adjektiv „offen" steht, so hinter dem lateinischen Adjektiv *publicus* das Substantiv *populus,* „Volk". Von diesem lateinischen Hintergrund her verstanden ist die *res publica* gar nicht eine „öffentliche Sache" im Gegensatz zu irgendeiner nicht-öffentlichen, sondern vielmehr eine „völkische Sache", die „Sache des Volkes" im Gegensatz zu der eines noch so fürsorglichen Königs, einer privilegierten Klasse oder einer politischen Partei.

Auch das Grundwort *populus,* „Volk", lebt in unserem Fremdwort- und Lehnwortschatz ja vielfach fort: Auf das Substantiv *populus* selbst geht der marktschreierische, opportunistische „Populismus" und der noch weiter ins Despektierliche abgerutschte „Pöbel" zurück, auf die Ableitung *popularis* die „Popularität“ und das „Popularisieren“, die „Pop-Musik“, die „Pop-Szene“ und sonst alles „Poppige“ – mit Ausnahme des „Popcorns“: Das hat seinen Namen nicht von seiner Volkstümlichkeit, sondern weil es überm Feuer in der Pfanne so „poppt“ und „pufft“.

Im ersten Buch seines politologischen Dialogs *„De re publica“*, „Über den Staat“, leitet Cicero das Verständnis des Staates unmittelbar aus der Erklärung des Wortes ab. *„Est igitur res publica res populi ...“*, lässt er den jüngeren Publius Cornelius Scipio Africanus dort beginnen: „Es ist also der Staat die Sache des Volkes ...“ *„Res publica“ – „res populi“*, „der Staat – die Sache des Volkes“: das fällt im Lateinischen mit dem einprägsamen Gleichklang einer *Figura etymologica* in die Ohren, und das klang für Cicero und seine Zeitgenossen noch so selbstverständlich wie nur irgend etwas. Die Ciceronische Definition ist im Lateinischen ja fast eine Tautologie wie der doppelt gemoppelte „weisse Schimmel“ oder der „schwarze Rappe“.

Mittlerweile ist das ursprünglich so vernehmlich sprechende Wort für uns verstummt. In Übersetzungen aus dem Lateinischen wird die *res publica* regelmässig mit der vergleichsweise blassen Entsprechung „Staat“ wiedergegeben oder vielmehr nicht „wiedergegeben“, und aus der „deutschen Bundesrepublik“ hört auch der hellhörigste Bürger im alltäglichen Sprachgebrauch nicht mehr als einen „deutschen Bundesstaat“ heraus. So weit ist die eigentliche Bedeutung des Wortes in Vergessenheit geraten, dass in einer Deutschen Demokratischen „Republik“ der Souverän mit dem Ruf „Wir sind das Volk“ die Machthaber erst noch darauf aufmerksam machen musste, dass es ihn immerhin noch gibt.

Unser „Staat“ ist übrigens ein direkter Abkömmling jener *res publica:* Wie der französische *état,* der englische *state* und der italienische *stato* ist er aus einem schon Ciceronischen *status rei publicae,* einem besseren oder schlechteren „Zustand der öffentlichen Sache“, hervorgegangen. Kein Wunder, dass der jeweilige „Zustand“ des Staates am Ende den Staat selbst bezeichnen konnte: Je besser es um diesen schwankenden „Zustand“ oder, medizinisch gesprochen, geradezu den „Status“ eines Staates bestellt ist, je stabiler und stattlicher ein Staat nach innen und aussen dasteht, desto besser ist mit einem solchen „Staat“ ja, wie wir sagen, „Staat“ zu machen.

Resolution

Regierungschefs treffen „Entscheidungen“, das heisst: sie springen über den Graben, der das Richtige vom Falschen scheidet, und hoffentlich in der richtigen Richtung; Parlamente fassen „Beschlüsse“, das heisst: sie beschliessen die Debatte darüber, was Gesetz werden soll, indem sie beschliessen, was Gesetz werden soll. Der Sicherheitsrat der Vereinten Nationen fasst „Resolutionen“, und das ist praktisch, weil das Wort aus dem Lateinischen kommt und so in allen romanischen Tochtersprachen zu Hause und in vielen nicht-romanischen Sprachen jedenfalls ein vertrauter Gast ist.

Aber dann wird es verwirrend; denn wer in einem lateinischen Lexikon unter dem Stichwort nachschlägt, etwa in dem zweibändigen „Georges“, kann sich nur noch irritiert die Augen reiben. In Band II, auf Spalte 2347, ist die *„resolutio“* da säuberlich wie folgt verdolmetscht: „1. die Auflösung, etwa eines Riemens am Schuhwerk; 2. übertragen: (a) die Auflösung in Einheiten oder in seine Teile; (b) der Zustand der Auflösung, die Erschlaffung, Schwäche, Lähmung; bei den Medizinern: Magenschwäche, Durchfall; (c) bei den Juristen: Aufhebung, Einziehung“. Und da verlangt noch jemand allen Ernstes, dieses Latein bei den Vereinten Nationen als offizielle Sprache zuzulassen?

Hinter dem selten bezeugten Substantiv *resolutio* steht das eher gebräuchliche Verb *resolvere* mit dem Partizip Perfekt Passiv *resolutus,* und die Grundbedeutung der „Auflösung“ ergibt sich leicht, wenn wir das zusammengesetzte Verb selbst wieder in seine Teile auflösen: Das Kopfstück *re-* bedeutet „zurück-, wieder-“, das Verb *solvere* bedeutet „lösen“, das Kompositum *resolvere* somit „wieder lösen, (in seine Bestandteile) auflösen“.

Der Weg von dieser schlaffen, schlappen *resolutio* zu der zupackenden „resoluten“ Person und der entschiedenen „Resolution“ führt über das

Französische. In der Tochtersprache des Lateinischen erscheint das alte Verb *resolvere* in der Form *résoudre,* sein Partizip Perfekt Passiv *resolutus* in der adjektivischen Form *résolu* und der Bedeutung „entschieden, entschlossen“. Die Verkehrung der Bedeutung von jener Schlaffheit und Schlappheit zu solcher Entschiedenheit und Entschlossenheit wird verständlich, wenn wir – durchaus auf der Linie des alten Wortgebrauchs – an die Auflösung von Bindungen denken: Wer von einer Rücksicht oder Bindung „resolviert“, „entbunden“ ist, wird seine Absichten entsprechend „resolut“, „ungebunden“ verfolgen.

Diese sozusagen „harte“ Bedeutung des Adjektivs *résolu* ist im Französischen als zweite Bedeutung neben der ursprünglichen eigentlichen „weichen“ auch auf das Verb *résoudre* und das Substantiv *résolution* übergesprungen. In dieser „harten“ zweiten Bedeutung und nur in diesem Sinne einer entschiedenen Resolution und einer resoluten Entschliessung sind Substantiv und Adjektiv im 16. und 17. Jahrhundert zu uns herübergekommen, und dies ohne weitere lautliche Erschlaffung, im Gegenteil: Das Adjektiv *résolu* hat im deutschen Fremdwortschatz sogar sein vom lateinischen *resolutus* her angestammtes auslautendes „-t“ zurückbekommen. Diesseits des Rheins herrschten dafür ja nicht die Lautregeln einer seit alters überkommenen Tochtersprache, sondern einer schulgerecht genau gelernten Schulsprache, und da musste, wer „absolut“ sagt, auch „resolut“ sagen. Alles klar? Absolut!

Restaurant

Wenn die Castor-Demonstranten wider alle Wiederaufbereitung im Bahnhofsrestaurant hinter der Hauptkampflinie fröhlich Kriegsrat halten, sitzen sie auf heissem Boden, heisserem, als die meisten dieser coolen Kombattanten sich wahrscheinlich träumen lassen: ein solches Restaurant ist ja, beim Wort genommen, nichts anderes als eben eine „Wiederaufbereitungsanlage", nur eben nicht für strahlende, brennende Stäbe, sondern für hungrige, durstige Menschen.

Das lateinische Verb *restaurare,* „wiederherstellen", und die davon abgeleiteten Substantive *restauratio,* „Wiederherstellung", und *restaurator,* „Wiederhersteller", begegnen bei den Autoren der Antike erst seit dem späten 1. Jahrhundert n. Chr. und auch dann nur recht selten; sie beziehen sich in der früheren Kaiserzeit etwa auf die Wiederherstellung eines baufälligen Tempels oder Theaters, in der Spätantike hie und da auch im juristischen Sinne auf die Wiederherstellung vormaliger Verhältnisse.

Nicht bei den Juristen, wohl aber bei den Denkmalpflegern haben sich die lateinischen Wörter, das Verb und die beiden Substantive, in ihrer alten Bedeutung durchgehend erhalten: Da sprechen wir bis heute geläufig vom „Restaurieren", von der „Restauration" einer alten Kirche oder eines Ölgemäldes und von den dafür zuständigen „Restauratoren" und „Restauratorinnen". Und nachdem die Juristen den Begriff der *restauratio* zu Gunsten der *restitutio* aufgegeben hatten, haben die Historiker das Wort in entsprechender Bedeutung aufgenommen und auf die Revolution, die „Umwälzung" der gesellschaftlichen Verhältnisse, die Restauration, die „Wiederherstellung" der vormaligen Verhältnisse, folgen lassen.

Sein grosses Comeback, sozusagen seine eigene grosse „Restauration" und weit mehr als eine blosse „Restauration", hat das alte Wort im ursprünglich französischen, heute weltweit verbreiteten „Restaurant" erlebt. Ein neuzeitliches Retortenwort: Das „-nt" am Schluss ist das Kennzeichen eines lateinischen oder überhaupt romanischen Partizips Präsens Aktiv, ein „Restaurant" ist demnach ein „Wiederherstellendes". Es heisst, das Wort habe sich zunächst auf eine augenblicklich wiederherstellende Kraftbrühe oder sonst einen augenblicklich wiederherstellenden Kraftbissen und dann erst auf das derart Leib und Seele restaurierende Etablissement bezogen; aber wie auch immer: Das Aushängeschild eines „Restaurants" verheisst dem hungrigen und durstigen Passanten eine Lebenskraft und Lebenslust „wiederherstellende" Einkehr.

Das freilich unüberhörbar, unübersehbar auf französisch; der Patron des Hauses heisst ja auch nicht etwa gut lateinisch Restaurator, sondern gut französisch Restaurateur. Auch sonst zeigt die Sprache hier feine Nuancen des Sprachgebrauchs: Ein Restaurateur geriete doch wohl in einige Verlegenheit, wenn eine restaurationsbedürftige alte Dame seinen Restaurationsbetrieb beträte und ihn bäte, sie *à la carte* kunstgerecht zu restaurieren. Wie die Restaurateure das „Restaurant", so haben die Restauratoren das „Restaurieren" gepachtet; und allein die „Restauration" deckt noch das ganze alte und neue Bedeutungsspektrum von der denkmalpflegerischen Restaurationsarbeit bis zum Leib und Seele pflegenden Restaurationsbetrieb ab. Auf die allerjüngste brennstabpflegerische Wiederaufbereitung hat das Wort sich klugerweise nicht mehr eingelassen.

Rezession

Wenn das Konjunkturbarometer nicht mehr steigt, sondern fällt und fällt und fällt, wenn sein Sonnenmännlein sich beschämt ins Wetterhäuschen zurückzieht und das Regenmännlein sich daraus hervorwagt, sprechen wir von einer „Rezession", wörtlich: einem „Zurückweichen", einem „Rückgang". Was da „zurückgeht", ist allerdings noch nicht einmal das reale Bruttosozialprodukt selbst – das wäre in der Terminologie der Wirtschaftswissenschaft bereits die „Depression" –, sondern lediglich seine Wachstumsrate: Ein wenig weniger Fortschritt gilt da schon als „Rückschritt".

Wie diesem „Rückgang" und diesem „Rückschritt" im Deutschen der „Fortgang" und der „Fortschritt" gegenübersteht, so der „Rezession" in unserem Fremdwortschatz die „Prozession" – für die Sprache ist es von der Börse bis zur Kirche kein grosser Sprung. Die beiden „-zessionen" sind lateinischen Ursprungs: Ihr Rumpfstück „-zess-" geht zurück auf das Verb *cedere,* „weichen, gehen"; die Kopfstücke *re-* und *pro-* bedeuten „zurück-" beziehungsweise „hervor-"; das Schwanzstück *-tio* oder *-sio* bezeichnet eine Handlung. Die *recessio,* „das Zurückgehen", und die *processio,* „das Hervorgehen", sind im klassischen Latein noch seltene Vögel. Die *recessio* begegnet vereinzelt bei dem Architekten Vitruv mit Bezug auf wechselnde Windrichtungen und später bei den Kirchenvätern; die *processio* bezeichnet besonders das „Ausrücken" eines Heeres aus dem Lager oder das „Hervortreten" eines Kaisers samt Gefolge aus seinem Palast: Die „Prozessionen" des römischen Klerus konnten sich sprachlich glatt an die *processiones* der römischen Kaiser anschliessen.

Geläufiger als die *processio* war im Lateinischen der mit dem entsprechenden Schwanzstück *-tus* oder *-sus* gebildete *processus* mit dem Genitiv *processūs,* „das Vorrücken, das Fortschreiten". Daher kommt der natürliche oder technische, politische oder wirtschaftliche, geistige oder künstlerische oder jedweder andere „Prozess", den wir mit einem anderen, neuzeitlichen Bild auch als „Entwicklung" ansprechen, und im Besonderen der prägnant so benannte gerichtliche „Prozess".

Greifen wir aus der bunten „Prozession" dieser „Rückgänge" und „Fortschritte", „Vorgänge" und „Rückschritte" noch den einen oder anderen heraus: Die „Konzession", das „Zugeständnis", das ein Vertragspartner einem anderen macht, ist eigentlich ein „Aus-dem Wege-Gehen", so auch die amtliche „Konzession", die „Betriebserlaubnis", die eine Behörde einem Betreiber erteilt. Die „Sezession", eigentlich das „Beiseitetreten", hat den amerikanischen „Sezessionskriegen" zwischen Nord- und Südstaaten und der einen oder anderen „Sezession" grollend beiseitegetretener Künstler den Namen gegeben. In der Astronomie spricht man von der „Präzession", dem „Vorrücken", der Tagundnachtgleichen, deren Entdeckung durch Hipparchos von Nikaia im 2. Jahrhundert v. Chr. zu den grossartigsten Leistungen der griechischen Naturwissenschaft zählt (und deren Nicht-Erklärung an dieser Stelle der Leser dem Autor konzedieren möge).

Gleiche Bildung wie der „Prozess" im Lateinischen wie im Fremdwort zeigen der „Abszess", eigentlich der „Abgang" von Eiter aus einer Eiterbeule, dann diese Eiterbeule selbst, und der „Exzess", das „Darüberhinaus-Gehen", in der gebräuchlichen Lehnübersetzung die „Ausschreitung", und hierher gehören schliesslich, nach dem lateinischen *successus* mit dem Genitiv *successūs,* „Erfolg", der französische und englische *succès* beziehungsweise *success;* das lateinische Wort bezeichnet eigentlich das „Nachfolgen" auf den jeweils folgenden Platz oder in den jeweils höheren Rang und so schliesslich das glückliche Erreichen eines Zieles.

Noch ein rotes Schlusslicht: Der in der alten DDR im Volkseigenen Verlag „Volk und Wissen" zuletzt im Jahre 1988 „nach unserer Zeitrechnung" oder im Jahre 2 vor der grossen Wende aufgelegte Band „Latein und Griechisch im deutschen Wortschatz" vermerkt unter *cedere,* „gehen, weichen", zur „Rezession": „Rückläufige Tendenz in der kapitalistischen Wirtschaft, die die Krise einleitet".

Salär

Wenn die Arbeit eine buntgewürfelte Minestrone ist, dann ist das Salär, das wir dafür beziehen, buchstäblich das Salz in der Suppe. Ja, so unwahrscheinlich es scheinen mag: In dem französischen *salaire,* dem süddeutschen und schweizerdeutschen „Salär" und dem angelsächsischen *salary* steckt tatsächlich ein lateinisches *sal,* stammverwandt und gleichbedeutend mit unserem „Salz". Die Salärtüte ist eigentlich ein Salzfass.

Die Wortgeschichte des „Salärs" beginnt in der römischen Republik des 3. und 2. Jahrhunderts v. Chr., in einer Zeit, da die noble politische Klasse auf eine staatliche Besoldung nicht angewiesen war, ja ein gewöhnliches Monatsgehalt eher als despektierlich empfunden hätte. Entsprechend bezogen die römischen Provinzialbeamten in Ciceronischer Zeit, um die Mitte des 1. Jahrhunderts v. Chr., lediglich allerlei Aufwandsentschädigungen wie Ausstattungskosten, Tagegelder oder Wegegelder. Immerhin konnte der Provinzstatthalter seinem militärischen und zivilen Gefolge darüberhinaus mehr oder weniger üppige Gratifikationen zusprechen: ein nach dem *congius,* einem Drei-Liter-Mass, so genanntes *congiarium,* ein „(Drei-Liter-) Weingeld", und ein nach dem *sal,* dem „Salz", so genanntes *salarium,* ein „Salzgeld".

Die sprechenden Haushaltstitel deuten zurück auf die guten oder – je nachdem, wie man's sieht – schlechten alten Zeiten, in denen jenes *congiarium* wirklich noch wirklicher Wein und jenes *salarium* wirklich noch wirkliches Salz gewesen war. Als im 3. Jahrhundert v. Chr. die ersten Provinzen eingerichtet wurden, gab es für die dort diensttuenden Offiziere und Magistraten zunächst ausschliesslich Naturalleistungen. Für das Notwendige wie Unterkunft, Verpflegung und Transport hatten die Gemeinden zu sorgen. Dazu kamen dieses Extra-Fässchen Wein und dieses Extra-

Säckchen Salz, traditionelle, gewiss mit dem gehörigen feierlichen Zeremoniell überreichte Ehrengaben, mit denen der Prokonsul oder Proprätor seinen Provinzialbeamten den sauren, faden Dienst fern der Hauptstadt symbolträchtig süsste und salzte. Im früheren 2. Jahrhundert v. Chr. rühmt sich der für seine Sparsamkeit berüchtigte alte Cato, er habe seinen Leuten niemals anstelle eines Weinkrugs ein Stück Silber in die Hand gedrückt; zu der Zeit muss die Umwandlung des herkömmlichen Wein- oder Salzgeschenks in ein grosszügiges Geldgeschenk, eben jenes *congiarium* oder *salarium,* schon weit verbreitet gewesen sein.

Im Zuge der Neuordnung des Staates durch Kaiser Augustus fielen die von Provinz zu Provinz schwankenden Entschädigungen weg und so auch die mehr oder weniger gesalzenen Gratifikationen; stattdessen gab es für die höheren Kader, die jetzt nicht mehr allesamt Sesterzen-Milliardäre waren, fortan einheitliche fixe Jahresbesoldungen. Was blieb, war der ehrenwerte alte Haushaltstitel, das *salarium:* Die so genannten *honestiores,* die Personen höheren Standes, liessen sich nun einmal lieber mit einem solchen „Salzgeld" beschenken als mit einem gewöhnlichen Monats- oder Jahreslohn bezahlen. Und weil es so schön klang, wurden bald auch die im Staatsdienst tätigen Ärzte und Rhetoren, einmal auch ein Wasserorgelspieler, und in deren Gefolge dann auch die privat tätigen Ärzte und Rhetoren zu solchen noblen *salariarii,* „Salzgeldempfängern" – nicht zu verwechseln mit den gewöhnlichen *salarii,* den „Salzfischhändlern".

Das „Salz" und das „Salär": die beiden Wörter sortiert unser Sprachzentrum heute, dem deutlichen Anklang zum Trotz, unbesehen in zwei verschiedene Kästen: Das Salz gehört in die Suppe und das Salär aufs Konto. Wer trägt denn auch Salz auf die Bank? Oder wer steckt sein Salär ins Salzfass? Das „Salär" ist für uns zu einem stummen, faden Wort geworden. Und doch: Gegenüber dem gewöhnlichen „Lohn" hat dieses sozusagen im Geheimen gesalzene „Salär" seinen besonderen Klang und seinen besonderen Rang über die Jahrtausende hinweg bis heute behauptet. Es ist wohl wie bei jener buntgewürfelten Minestrone: Man schmeckt das Salz auch wenn man nicht dran denkt.

Sekt

Dass ein kunstgerecht ausgebauter Wein allenfalls „trocken", aber selbst die lieblichste Liebfrauenmilch keinesfalls „nass" genannt werden kann, gehört zu den paradoxen Bildern der Önologensprache, wo ja auch sonst die Zunge ihre liebe Mühe hat zu sagen, was die Nase schmeckt. Und wenn die eine Flasche Sekt sich „trocken", die andere nicht so nennt, so ist das obendrein noch ein „weisser Schimmel" beziehungsweise ein „weisser Rappe": Sagt denn das Wörtchen „Sekt" nicht schon, wie *sec* das Nass da in der einen wie der anderen Flasche ist? Nein, das ist kein Etikettenschwindel – hier spritzt einfach manches durcheinander.

Der aus überreifen, übersüssen Beeren, die man noch am Weinstock hatte trocknen lassen, gekelterte südländische Weisswein hiess im Italienischen *vino secco,* im Spanischen *vino seco,* im Portugiesischen *vinho secco,* „trockener Wein", woraus der Philologe noch unschwer ein lateinisches *vinum siccum* heraushört. Von dieser eigentlichen „Trockenbeerenauslese" hat sich das Prädikat „trocken" überhaupt auf alle süsseren – nach neuerem Sprachgebrauch eben gerade nicht „trockenen" – Südweine wie den portugiesischen Madeira übertragen. Dem italienischen *vino secco* und den entsprechenden spanischen und portugiesischen Bezeichnungen entsprach ein französisches *vin sec,* diesem wieder ein altes englisches *sack* und ein – immer noch gleichbedeutendes – altes deutsches „Seck" oder auch schon „Sekt".

Das Weinwunder, das aus dem goldbraunen Malvasier oder Madeira einen französischen Champagner und am Ende einen deutschen „Sekt" hat werden lassen, ist nicht in Auerbachs Keller zu Leipzig, sondern in einem Berliner Weinkeller geschehen. Da müssen wir etwas ausholen: In Shakespeares Königsdrama „Heinrich IV.", in „The Boar's-Head Tavern" zu Eastcheap, fordert der notorisch trinkfeste, so grossmäulige wie kleinmütige Sir John Falstaff ein ums andere Mal: *„Give me a cup of sack!"*, „Gib mir ein Glas Südwein!" Dieser Shakespearesche *„sack"* hat sich im frühen 19. Jahrhundert mit einem kräftigen Schuss Schauspielwitz und mit einigem Rütteln und Schütteln in einen deutschen „Sekt" verwandelt, und hier wissen wir für einmal auch genau zu sagen, durch wen und wie.

In ihren Erinnerungen „Aus meinem Bühnenleben" gedenkt die Schauspielerin Karoline Bauer auch des grossen Fallstaff-Darstellers Ludwig Devrient, der in der späten Goethezeit am Berliner Hoftheater spielte. Der sei nach der Vorstellung öfter im Weinkeller von Lutter und Wegener eingekehrt und habe seinen Champagner dort regelmässig, die köstliche Shakespeare-Szene in der Taverne „Zum Eberkopf" zu Eastcheap weiterspielend, mit Sir John's lautstarkem Ruf „Gib mir ein Glas Sekt!" geordert. Wahrscheinlich hatten die Kellner der historischen Weinstube es bald heraus, diese stereotype Order Sir John Falstaffs ebenso regelmässig mit der stereotypen Antwort des Küfers Franz „Gleich, Herr, gleich!" aus diversen Neben- und Hinterzimmern zu quittieren, und so mag es zur Begeisterung der Theaterfans jeweils ein paar Male hin und her gegangen sein. Das witzige Zitat hat die Bezeichnung „Sekt" so schnell, wie ein Champagnerkorken fliegt, von dem gewöhnlichen englischen *sack* jener Shakespeareschen Säufergesellschaft, in dem Falstaff gar noch Kalk zu finden meinte, auf den edlen französischen Champagner überspringen lassen. „Bald hatte Berlin diesen Namen adoptiert", schliesst Karoline Bauer die anekdotische Erzählung ab, „und dann die Welt der deutschen Zunge."

In der Schlegel-Tieckschen Shakespeare-Übersetzung aus eben jenen zwanziger und frühen dreissiger Jahren des 19. Jahrhunderts ist Falstaffs *„Give me a cup of sack!"* mit den Worten „Gib mir ein Glas Sekt!" wiedergegeben. Da mochte August Wilhelm von Schlegel noch den alten süssen, schweren „Seck" oder „Sekt" vor Augen oder in der Nase haben. Doch wer heutzutage Shakespeares Königsdrama auf die Bühne bringt, muss sich fragen, was er da zu Schlegels Text servieren lassen will: Shakespeare zu Ehren einen portugiesischen Madeira, Devrient zu Ehren einen französischen Champagner oder dann doch, dem Brüsseler Markenrecht zu Ehren, einen Badischen Sekt aus Breisach?

Seminar

Verkehrte Welt: Junge Studenten, die einmal grosse Dozenten werden wollen, gehen ins Saatbeet, ins „Seminar“; junge Bäume, die einmal grosse Bäume werden sollen, gehen in die Schule, in die „Baumschule“. Da ist das eine Bild aus dem Garten in die Schule und das andere aus der Schule in den Garten hinübergesprungen, und wenn sie einander dabei begegnet sind, so haben sie dabei wohl ein augenzwinkerndes Augurenlächeln gewechselt.

Das lateinische *seminarium* und unser deutsches „Saatbeet“ – der Anlaut bezeugt es noch – sind aus der gleichen indoeuropäischen Wörter-Anzucht hervorgegangen. Der eine Setzling, der in latinischen, lateinischen Boden kam, hat sich da zu dem Verb *serere,* „säen“, entwickelt und weiter mit dem verdinglichenden Schwanzstück *-men* zu dem Substantiv *semen,* „Same“, verbunden, und damit ist zugleich auch schon gesagt, was aus dem anderen Setzling auf germanischem, deutschem Boden geworden ist – die beiden sind sich noch ziemlich ähnlich geblieben.

Aber Wörter treiben, wie die Pflanzen, immer neue Sprosse, und so sind aus diesem *semen,* diesem „Samen“ oder „Setzling“, und dem anderen Schwanzstück *-arius* dann noch das Adjektiv *seminarius* und das Substantiv *seminarium* hervorgegangen. Beide begegnen bereits im 2. Jahrhundert v. Chr. bei dem alten Cato, in seiner praktischen Anleitung zur Bewirtschaftung eines Landguts; da ist die Rede von Drei-Fuss-grossen Ölbaumsetzlingen, „die du in eine Pflanzgrube einsetzen willst“, und Ein-Fuss-grossen Setzlingen, „die du in ein *seminarium,* in ein Saatbeet einsetzen willst“. Schon vor diesem ersten Beleg scheint sich die Bedeutung des Wortes auf die Aufzucht junger Bäume, mit unserem Wort: auf die „Baumschule“, eingeengt zu haben.

Ein Jahrhundert später wird dieses *seminarium* zum einprägsamen Bild. In seiner zweiten Rede gegen Catilina prophezeit Cicero dem römischen Volk, die ausschweifende, verweichlichte Party-Szene um diesen Staatsfeind Nr. 1 – „diese Bande von Lüstlingen und Wüstlingen" – werde einmal, wenn sie nicht sogleich radikal ausgerissen und ausgerottet werde, zu einem üblen *„seminarium Catilinarum"*, einer üblen „Pflanzschule neuer Catilinas" werden. Da sehen wir sie vor uns: diese schlaffen Setzlinge, die hier unversehens zu strammen Jungbäumen heranzuwachsen drohen ...

Wir würden da wohl eher von einer üblen „Brutstätte" sprechen. Doch nicht durchweg hat dieses *seminarium* so schlechten Klang: In seiner späten philosophischen Schrift „Über die Pflichten" nennt Cicero die häusliche Gemeinschaft von Ehe und Familie einmal „gleichsam das *seminarium*" des Staates, und sein gelehrter Zeitgenosse Varro, auch er ja wie Cato ein Fachautor der Landwirtschaft, spricht in seinen poetischen Fragmenten einmal vom Wein als dem *„dulce seminarium"*, der „geliebten Pflanzschule" unbeschwerter Heiterkeit.

In der frühen Neuzeit ist das Wort ins Deutsche herübergekommen, und da hat sich die Bedeutung dieses „Seminars" dann vollends von der verderbten, verderblichen „Brutstätte" zur hegenden, pflegenden „Pflanzschule" verschoben. Das „Priesterseminar" und das „Predigerseminar" erinnern noch an diese frühen Saatbeete für geistliche Setzlinge. Und da erklärt sich zu guter Letzt das Bäumchen-wechsle-dich-Spiel der Bilder: Nachdem das Bild dieses *seminarium* zuerst vom Garten auf die Schule, auf die Priester-„Seminare", übergesprungen war, konnte es danach umso leichter wieder von der Schule auf den Garten, auf die „Baumschule", überspringen: Ein Lehrer und ein Gärtner sind so weit ja nicht voneinander.

Senioren

Kavaliersrücksicht geht vor Gleichberechtigung; lassen wir die Damen hier einmal beiseite und fragen wir nur nach dem Alter eines „alten" und eines „älteren" Herrn: Welcher von den beiden ist da eigentlich der Ältere? Keine Frage: Natürlich ist der „ältere" Herr der Jüngere und der „alte" Herr der Ältere. Geradeso ist es spiegelbildlich mit einem „jungen" und einem „jüngeren" Herrn: Auch da ist der „jüngere" Herr eindeutig der Ältere und der „junge" Herr der Jüngere. Der ältere Herr ist ja gar nicht älter als ein alter, der jüngere Herr gar nicht jünger als ein junger Herr; vielmehr ist der eine älter und der andere jünger als ein spasseshalber so genannter „mittelalterlicher" Herr.

Das Paradox des Sprachgebrauchs ist bestens dazu angetan, dem unliebsamen Alter ein verhüllendes Mäntelchen umzuhängen. Für einmal werden die Texte da wirklich und wahrhaftig zu Textilien, und vollends elegant präsentiert sich die Verhüllung, wenn wir sie im Faltenwurf einer alten Römertoga drapieren und statt von „Älteren" gut lateinisch von „Senioren" sprechen. „Niemand hört es gern, dass man ihn Greis nennt", so verwahren sich die alten Greifen in Goethes „Klassischer Walpurgisnacht" schnarrend gegen alles da anklingende Graue, Grämliche, Griesgrämige. Und fallen uns nicht umgekehrt bei den frischpensionierten „Senioren", „etymologisch gleicherweise stimmig", sogleich die altehrwürdigen „Senatoren" ins Ohr? „Aktivferien für Greise"? Ein Witz. „Aktivferien für Ältere"? Ein Flop. „Aktivferien für Senioren"? Ein Hit!

Hinter dem „Junior"-Chef und den „Junioren" steht der lateinische Komparativ *iunior,* „jünger", hinter dem „Senior"-Chef und den „Senioren" der entsprechende Komparativ *senior,* „älter". Auch der italienische *Signore,* der spanische *Señor,* der französische *Monsieur* und der englische

Sir ist ja ein ehrerbietig angeredeter „Älterer". Was da gesteigert wird, ist im ersten Fall der *iuvenis,* der „junge Mann", im zweiten Fall der *senex,* der „alte Mann", der so verführerisch an den *sexagenarius,* den „Sechzigjährigen", anklingt, tatsächlich auch den Sechzigjährigen oder Übersechzigjährigen bezeichnet und doch mit dem Zahlwort *sex,* „sechs", und seinen Vielfachen von Haus aus nichts, aber auch gar nichts zu schaffen hat.

Aber während *iuvenis* und *iunior,* der „junge" und der „jüngere Mann", im alten Rom weithin gleichbedeutend auf die wehrpflichtige Altersgruppe der etwa 17- bis 45jährigen Männer deuteten, sind die *seniores* auch damals schon lediglich im Vergleich mit diesen Jüngeren die „Älteren", im Vergleich mit den Alten dagegen die Jüngeren gewesen. Unter dem Stichwort *senior* vermerkt das lateinische Handwörterbuch von Karl Ernst Georges kurz und bündig: „Ein Mann von 45 bis 60 Jahren". *Tempora mutantur . . .:* Heute fängt das „Senioren"-Alter da an, wo es früher einmal aufgehört hat; in den exklusiven Club der gestandenen Senioren kommt man frühestens mit sechzig, vielfach erst mit fünfundsechzig. „Mit sechsundsechzig Jahren", hören wir die muntere Gesellschaft erwartungsfroh ihr Leiblied schmettern, „da fängt das Leben an; mit sechsundsechzig Jahren, da hat man Freude dran . . ."

Serum

Stichwort „Serum“: Da kommen wir nicht an der delikaten Anekdote vorbei, die der Arzt und Essayist Carl Ludwig Schleich, der Erfinder der Infiltrationsanästhesie, in seinen Lebenserinnerungen „Besonnte Vergangenheit“ von seinem berühmten Berliner Kollegen Rudolf Virchow überliefert:

„Sein Aufsatz ‘Über Barbarismen in der Medizin’ allein beweist, wie peinlich scharf er Sprachwurzeln nachspürte und bis in den Tod Verbindungen von lateinischen mit griechischen Lehnsgliedern hasste... Einmal aber irrte sich der grosse Wortanalytiker selbst sehr verblüffend. Er liess einen älteren Arzt durch das Kreisphysikusexamen fallen, weil er nicht wusste, woher das Wort ‘Serum’ (in ‘Blutserum’) komme. Bei einem Fakultätsdiner von seinem Kollegen v. Bardeleben interpelliert, wie er seinen Neffen deshalb ‘rasseln’ lassen könne, nannte Virchow obigen Grund. Worauf Rundfrage am Tisch. Keiner der anwesenden Koryphäen wusste die Ableitung des Wortes. Worauf Virchow überlegen lächelnd erklärte: ‘Das kommt von *serus, sera, serum* – klar!’ Inzwischen war der sogenannte Knochen-Wegner, sein erster Assistent, ein derber Grobian, an das Konversationslexikon gegangen, kam zurück und sagte scharf: ‘Das ist falsch. «Serum» ist griechischen Ursprungs und kommt von *tó sérron* = «die Blutflüssigkeit»!’ Staunen – und Virchow sass selbst in der philologischen Mausefalle...“

Die Anekdote ist bis dahin ja schon hübsch genug, aber sie wird danach noch hübscher. Denn ein griechisches Substantiv *sérron* und gar eines mit der Bedeutung „Blutflüssigkeit“, wie Virchows Assistent es da im Lexikon gefunden haben wollte, steht wie Christian Morgensterns Nasobem „noch nicht im Meyer / und auch im Brockhaus nicht“, und was in diesem Fall noch bedenklicher ist, auch nicht im ausführlichsten griechischen Wörterbuch. Der Knochen-Wegner, dieser „derbe Grobian", hatte es offensichtlich so frech wie frei erfunden und den selbstgefälligen Chef und Examinator geradeso unbarmherzig durch das kleine Etymologicum rasseln lassen wie jener den unglücklichen Kandidaten durch das Kreisphysikusexamen.

Tatsächlich kommt das „Serum" eben doch aus dem Lateinischen, wenn auch nicht, wie Virchow es wollte, von einem Adjektiv *serus, sera, serum:* Da gibt es nur eines mit einem langen „e" und der Bedeutung „spät, zu spät", und von dem führt wohl ein schnurgerader Weg zur abendlichen „Soiree", doch kein noch so krummer zum „Serum". Hinter dem Blut-„Serum" steht vielmehr ein lateinisches Substantiv *serum* mit einem kurzen „e", das im klassischen Latein die „Molke" oder das „Käsewasser" bezeichnet und erst in jüngerer Zeit vom wässrigen Bestandteil der geronnenen Milch auf den wässrigen Bestandteil des geronnenen Bluts übertragen wurde. Irgendwie muss das nahegelegen haben: In Platons „Timaios" findet sich das sprachverwandte griechische Substantiv *óros* einmal geradeso vom Käsewasser aufs Blutwasser übertragen; doch geht die jüngere Übertragung offenbar nicht auf diese ältere zurück.

Und was ist nach dem freimütigen Armutszeugnis des Kollegenzirkels beim Fakultätsdiner aus dem armen Kandidaten geworden, der doch gut sokratisch im Unterschied zu seinem Examinator in Sachen „Serum" wenigstens das Eine wusste, dass er nichts wusste? Für ihn gab es, wie Carl Ludwig Schleich uns noch bezeugt, ein Happy End: Der so unverfroren blossgestellte und zugleich genasführte Virchow liess den Neffen des Kollegen notgedrungen noch einmal zur Kreisphysikusprüfung antreten, zerriss das alte Zeugnis, prüfte ihn noch einmal und schrieb ein neues Zeugnis aus: „Mit 1 bestanden. Virchow".

Silvester

Die letzten Drei im Jahr: Unter dem 29. Dezember verzeichnet der römisch-katholische Heiligenkalender einen Jonathan, unter dem 30. den König David, unter dem 31. schliesslich den heiligen Silvester. Niemand spricht von einem Jonathanstag oder einem Davidstag; doch der Name des Heiligen, dem der letzte Tag des Jahres gewidmet ist, ist zum Namen ebendieses letzten Tages geworden, und dies mittlerweile so vollkommen, dass das Wort uns nur noch an Silvesterpartys und Champagnerkorken, Tischbomben und Konfettischlangen, Knallfrösche und Feuerwerkszauber und kaum mehr an den Heiligenkalender denken lässt.

Der heilige Silvester, der erste von vier Päpsten oder Gegenpäpsten gleichen Namens – der zweite war der Papst der ersten Jahrtausendwende –, zählt nicht zu den grossen Kirchenlichtern. Er hatte das Glück, in der ersten grossen Glanzzeit der Kirchengeschichte an der Seite Konstantins I., des „Grossen", als Bischof von Rom und damit als Papst zu amtieren, und zugleich das Pech, dass dieser wirklich grosse Kaiser, der Schutzherr und Schirmherr des frühen Christentums, ihn mit seiner Grösse völlig überstrahlte.

Am 28. Oktober 312 n. Chr. hatte Konstantin an der Milvischen Brücke im Norden der Hauptstadt unter dem Zeichen des Christogramms auf den Schilden seiner Legionen über seinen Rivalen Maxentius gesiegt; im Frühjahr 313 hatte er in Mailand der christlichen Kirche gleiche Religionsfreiheit wie den heidnischen Kulten zugesichert. Unter diesen glücklichen Auspizien ist Silvester am 31. Januar 314 zum Papst gewählt worden. Er durfte erleben, wie die noch ein Jahrzehnt zuvor unter Kaiser Diokletian und seinem Caesar Galerius grausam verfolgte Christenheit sich nun unversehens der Förderung der Mächtigen erfreute, wie Kaiser Konstantin ihr eine grosse, fünfschiffige, prächtig ausgeschmückte Basilika nach der anderen errichten liess, so in Rom zuerst die Lateranbasilika, dann die – alte – Peterskirche und die Paulskirche draussen „vor den Mauern“. Fast ein Vierteljahrhundert lang ist Konstantin I. römischer Kaiser, fast die gleiche Zeitspanne hindurch Silvester I. römischer Bischof und Papst gewesen. Silvester ist am 31. Dezember 335 in Rom gestorben, Konstantin im Frühjahr 337 bei Nikomedeia, heute Izmit, nahe seiner neuen Hauptstadt Konstantinopel alias Istanbul; kurz vor seinem Tode hatte er dort aus der Hand des Bischofs Eusebios von Nikomedeia noch die Taufe empfangen.

Die bereits in der zweiten Hälfte jenes 5. Jahrhunderts aufgekommene, im frühen Mittelalter fortgesponnene Silvester-Legende hat diesen wenig bedeutenden Papst im Nachhinein zum Täufer des Kaisers erhoben. Silvester, so lesen wir da, habe den schwer daniederliegenden, vom Aussatz befallenen Kaiser durch die Taufe heilen können, und dieser habe sich darauf durch grosszügige Stiftungen und Schenkungen dem Papst und der Kirche erkenntlich gezeigt. So steht es noch auf der Basis des Lateranensischen Obelisken, gegenüber der Basilika: *„Constantinus per crucem victor a sancto Silvestro hic baptizatus crucis gloriam propagavit“*, Wort für Wort übersetzt: „Konstantin, durch das Kreuz Sieger, hat, vom heiligen Silvester hier getauft, des Kreuzes Ruhm verbreitet“. Doch die Geschichte hat es anders wollen: Wenn am letzten Tag des Jahres, eben „an Silvester“, Schlag Mitternacht die Korken knallen und die Gläser klingen, denkt kaum einer mehr an den alten Silvester von Fleisch und Blut und erst recht nicht an die legendäre Taufe Kaiser Konstantins und seine wunderbare Heilung.

Jetzt hätten wir fast vergessen zu sagen, was „Silvester“ eigentlich bedeutet: Das Substantiv *silva* bezeichnet im Lateinischen den „Wald“, das Adjektiv *silvester* alles, was aus dem Wald kommt, im Wald lebt oder sonst irgendwie zum „Wald“ gehört. Ein geläufiger Name ist das in der heidnischen Antike nicht gewesen, und zum geläufigen Vornamen ist der Heiligenname auch nicht geworden; der letzte Tag des Jahres hat das Wort ganz allein für sich.

Sisyphusarbeit

„Es ist eine Sisyphusarbeit ..." so stöhnt wohl manch einer, der im Drange der Geschäfte kein Ende seiner Arbeit absieht, der nicht weiss, wann und wie er je mit seiner Arbeit fertig wird. Aber eine wirkliche und wahrhafte Sisyphusarbeit ist doch noch etwas anderes: Das ist eine Mühsal, die einen immer wieder auf ein Ende hoffen lässt und doch immer wieder auf den Anfang zurückwirft, eine Mühsal, in der alle Mühe „vergeblich", buchstäblich „vergeben" und verloren ist. Odysseus hat den mythischen Büsser in der Unterwelt getroffen, Seite an Seite mit dem greisen Tantalos, und Homer hat ihn in seiner „Odyssee", am Ende des 11. Gesangs, davon erzählen lassen:

„Und weiter sah ich den Sisyphos in gewaltigen Schmerzen: wie er mit beiden Armen einen Felsblock, einen ungeheuren, befördern wollte. Ja, und mit Händen und Füssen stemmend, stiess er den Block hinauf auf einen Hügel. Doch wenn er ihn über die Kuppe werfen wollte, so drehte ihn das Übergewicht zurück: Von neuem rollte dann der Block, der schamlose, ins Feld hinab. Er aber stiess ihn immer wieder zurück, sich anspannend, und es rann der Schweiss ihm von den Gliedern, und der Staub erhob sich über sein Haupt hinaus."

Hofft Sisyphos, dass er seinen Stein doch irgendwann glücklich über die Kuppe bringt? Oder weiss er, dass seine immer neue Anstrengung immer wieder zunichte wird? Darüber sagt der Mythos nichts. Aber immerhin hat dieser Sisyphos einen sprechenden Namen. Ein einfacher *sophós* – so das geläufige Adjektiv – ist im klassischen Griechisch ein „Kluger", ein „Schlauer", ein reduplizierter, doppelt gemoppelter „Si-syphos" ein „Neunmalkluger", ein „Superschlauer". Und da weiss der Mythos von diesem Sisyphos ein paar Stückchen zu erzählen: Wie er seine Rinder mit einem verdeckten, unter den Hufen eingebrannten Zeichen markiert und so den einschlägig berüchtigten Autolykos, einen Sohn des findigen, diebischen Hermes, des Rinderdiebstahls überführt; oder: Wie er es fertigbringt, den Tod in Fesseln zu schlagen, so dass eine ganze Zeitlang niemand sterben kann, bis der Kriegsgott Ares den Tod wieder losgebunden hat; oder: Wie der sterbenskranke Sisyphos seiner Frau aufs strengste verbietet, ihn gehörig zu bestatten, sich dann von dem Unterweltsgott Hades Urlaub geben lässt, die Frevlerin da oben Mores zu lehren, und von diesem Urlaub nicht ins Schattenreich zurückkehrt. Wenn wir den Mythos recht verstehen, büsst dieser Superschlaue mit seiner Sisyphusarbeit eben für diese Superschläue: Die alten Götter liessen sich nicht gerne übertölpeln, und der Tod, der Thanatos, schon gar nicht.

Freilich: für den Sachbearbeiter, der heute den einen Packen Versicherungsfälle erledigt und morgen den nächsten auf den Schreibtisch bekommt, oder für den Lehrer, der heute den einen Stapel Deutschaufsätze korrigiert und morgen gleich wieder dreiunddreissig Aufsatzhefte heimbringt, ist dieser Sisyphos vielleicht ein paar Nummern zu gross. Für unsereinen passt da eher der Seilflechter Oknos, dessen gleichfalls sprechender Name Zögerlichkeit und Saumseligkeit anzeigt: kein grosser Frevler, vielmehr ein Muster des Menschen wie Du und Ich, der sich in seinen Alltagsgeschäften verheddert und verhaspelt, ohne je mit seiner Seilflechterei fertig zu werden. Der griechische Mythos hat ihm seinen bescheidenen Platz neben den grossen Unterweltsbüssern Tantalos und Sisyphos gegeben, und da sehen wir den Unermüdlichen, Unverdrossenen vor uns, wie er auf seinem Schoss Elle um Elle ein endloses Hanfseil flicht, das sein geradeso unermüdlicher, unverdrossener Esel hinter seinem Rücken Elle für Elle wieder auffrisst. Plutarch hat die Vergessenheit einmal drastisch mit dem Esel des Oknos verglichen, der das Tagewerk dieses Seilflechters immer gleich ratzeputz wieder auffrisst; schade, dass ebendiese Vergessenheit inzwischen auch diesen Seilflechter Oknos selbst samt Esel und Hanfseil geradeso ratzeputz wieder aufgefressen hat!

Solidarität

Liberté, égalité, fraternité: Das verdolmetscht sich heute, nachdem die „Brüderlichkeit“ aus dem Wortschatz der Politiker in den der Kirchenleute übergewechselt ist, als „Freiheit, Gleichheit, Solidarität“. Aufgekommen ist das Leitwort der „Solidarität“ auf halber Strecke zwischen der Französischen Revolution und der gegenwärtigen „Globalisierung“ in der Arbeiterbewegung des späteren 19. Jahrhunderts; heute geht es unter diesem Schlagwort überhaupt um die Solidarität zwischen Reichen und Armen, Jungen und Alten, Gesunden und Kranken, und im grossen Rahmen unseres Global Village um die Solidarität zwischen West und Ost, Nord und Süd, Industrienationen und Dritter Welt.

Das lateinische Adjektiv *solidus,* wohl sprachverwandt mit dem anderen Adjektiv *salvus,* „gesund, heil“, bezeichnete ursprünglich das lautere, nicht legierte Edelmetall, das reine Silber und das reine Gold. Die Goldmünze, die Kaiser Konstantin zu Beginn des 4. Jahrhunderts n. Chr. zuerst in Trier prägen liess und dann im gesamten römischen Reich einführte, hiess danach einfach *solidus (nummus),* die „lautere (Münze)“. Dieser Solidus von einem Zweiundsiebzigstel des römischen Pfundes, entsprechend 4,55 Gramm, hat seinem Namen auch im modernen Sinne des Wortes Ehre gemacht. Weit über die Grenzen des römischen Reiches und die Wirren der Völkerwanderung hinaus hat die buchstäblich „solide“ Währung dieses Konstantinischen Solidus ihre Geltung bewahrt, und noch länger als die Münze ist ihr Name im Umlauf geblieben: Daher kommt ja der „Sold“ der Söldner und Soldaten, daher diese „Söldner“ und „Soldaten“ selbst, daher die „Besoldung“ der Beamten und daher schliesslich, über das Italienische, der „Saldo“ unterm Strich.

Das erste Wegstück von diesem goldenen „Solidus“ zur goldenen „Solidarität" können wir noch im klassischen Latein verfolgen. Im Anschluss an seine Grundbedeutung des durch und durch Lauteren bezeichnete das Adjektiv *solidus* seit Cicero alles dicht bei dicht Gefügte, Feste, Ganze, Vollständige und Beständige, im Gegensatz zu allem nur locker Zusammengewürfelten, leicht wieder Auseinanderfallenden; im Gefolge dieses Wortgebrauchs sprechen wir bis heute von „soliden Schuhen" und „soliden Möbeln", von einem „soliden Unternehmen", in dem Milliardenverluste nicht als Milliardengewinne verbucht sind, von „soliden Grundsätzen" und einer „soliden Ausbildung". Der extra-alte Emmentaler mit seinen extra-grossen Löchern ist dagegen so unschweizerisch „unsolide" wie nur irgendetwas.

Das zweite Wegstück von dieser „Solidität" zur „Solidarität" führt über die Rechtssprache. Ein klassisch-lateinisches Adjektiv *solidaris* hat es nie gegeben; doch im 16. und 17. Jahrhundert sind im Französischen ein *solidaire* und eine *solidarité,* im 19. Jahrhundert dann auch im Deutschen ein „solidarisch" und eine „Solidarität" aufgekommen, zunächst im juristischen Sinne eines „Solidar-" oder Gesamtschuldverhältnisses, in dem jeder einzelne Schuldner für die gesamte Schuld haftet. Die römischen Juristen hatten in diesem Sinne von einer Haftung *in solidum,* „für das Ganze", gesprochen; wenn nun von *débiteurs solidaires* und von solidarisch haftenden „Solidarschuldnern" die Rede war, mochte das Bild der festen Fügung von der Schuld auf die Schuldner übertragen scheinen, als gehe es da nicht so sehr um die nicht auseinanderzudividierende Schuld als vielmehr um die nicht auseinanderzudividierenden Schuldner.

Liberté, égalité, fraternité, „Freiheit, Gleichheit, Solidarität": Wie jene „Brüderlichkeit" aus dem politischen Wortschatz in den kirchlichen, so ist diese „Solidarität" seit dem späteren 19. Jahrhundert aus dem juristischen Wortschatz in den politischen übergegangen; die jüngeren Wendungen „sich solidarisch erklären, sich solidarisieren" haben von vornherein politischen Bezug gehabt. Doch wo's ums Ganze geht, schlägt die altrömische juristische „Solidarschuld" im modernen Postulat der politischen „Solidarität" noch kräftig durch: In der menschlichen Schicksalsgemeinschaft dieses Global Village, die heute vernehmlicher als je zuvor unsere Solidarität herausfordert, stehen wir gegenüber Krankheit und Tod, Krieg und Vertreibung, Armut und Hunger und allen anderen Menschheitsplagen ja alle miteinander in der gleichen Solidarschuld.

Symptom

Einem „Symptom" wie zum Beispiel dem vergleichsweise harmlosen einer tropfenden Nase rückt man besser nicht mit philologischem Sezierbesteck zu Leibe; das wäre gelinde gesagt wenig ermutigend. Das Kopfstück „Sym-" oder „Syn-" bedeutet bekanntermassen „Zusammen-"; aber wer dann etwa in dem klassischen Oxforder „Greek-English Lexicon" von Liddell und Scott unter dem Stichwort *ptóma* nachschlüge, fände dort als Erstes: „Fall, Sturz (einer Stadt, eines Kämpfers)", als Zweites: „hingestreckter Leichnam", als Drittes: „Ruine (einer Mauer, eines Hauses)", als Viertes: „Schuld, die zur Zahlung fällig wird". Deutet ein „Symptom" dann gleich auf Zusammenfall, Zusammenbruch, Verfallsdatum?

Keine Sorge; das von dem Verb *sympíptein,* „zusammenfallen", abgeleitete *sýmptoma* meint nicht das Zusammenfallen, mit dem eine Mauer oder ein Haus in sich zusammenfällt, sondern das andere Zusammenfallen, das wir im Deutschen nach der lateinischen Lehnübersetzung *accidere,* „zufallen", in einer anschliessenden Lehnübersetzung „Zufall" nennen. Da fällt nicht ein und dasselbe Ding in sich selbst zusammen, da fallen zwei verschiedene Dinge an einem Ort und zu einer Zeit zusammen wie in dem klassischen Exempel von dem Ziegelstein, der irgendwo „zufällig" vom Dach herunterfällt, und dem Passanten, der ebenda geradeso „zufällig" vorüberkommt.

Soweit bezeichnet das griechische *sýmptoma* irgendetwas, das uns so oder so „zufällt", das uns im glücklichen Fall in den Schoss oder im unglücklichen Fall auf den Kopf fällt, mit unserer Lehnübersetzung: einen glücklichen oder einen unglücklichen „Zufall". Der weitere Weg des Wortes führt über die philosophische, wissenschaftliche Terminologie. In der Mitte des 4. Jahrhunderts v. Chr. hatte Aristoteles von den gemeinsamen Merkmalen einer Gattung oder einer Art mit einem neuen Terminus die *symbebekóta,* wörtlich: die „mitgehenden, beiläufigen“ Besonderheiten einzelner Individuen unterschieden, und gegen Ende dieses 4. Jahrhunderts hatte Epikur in anderem Zusammenhang jenen *symbebekóta* als fortdauernd „mitgehenden, beiläufigen“ Erscheinungen mit einem zweiten neuen Terminus die *symptómata* als lediglich vorübergehend „zufallende, zufällige“ Erscheinungen gegenübergestellt.

Diese Unterscheidung kam quer über die Fakultäten hinweg zumal der Medizin vortrefflich zupass. Nun konnte man, um beim Beispiel zu bleiben, eine lange oder kurze, spitze oder stumpfe Nase unter die auf Dauer „mitgehenden, beiläufigen“ *symbebekóta,* die individuellen Besonderheiten, zählen, eine tropfende Nase dagegen unter die auf Zeit „zufallenden, zufälligen“ *symptómata,* die vorübergehenden Krankheits-„Symptome“. In diesem Sinne hat die Ärzteschule der „Empiriker“, die methodisch auf den „Dreifuss“ aus eigener Erprobung und Erfahrung, Erkundung fremder Erfahrung und dem Analogieschluss von Bekanntem auf Unbekanntes setzte, im 3. Jahrhundert v. Chr. das „Symptom“ in die Medizin eingebracht; es liegt auf der Hand, wie sehr gerade diesen erklärten „Empirikern“ an einer peinlich genauen Abgrenzung individueller Besonderheiten und krankheitsbedingter „Symptome“ liegen musste.

Also kein Zusammenfall, kein Zusammenbruch, kein Verfallsdatum, im Gegenteil: Jedes einzelne solche „Symptom“ wie Schnupfen oder Husten, Halsweh oder Kopfweh, Fieber oder Schüttelfrost deutet schon vom Wort her auf Genesung und Gesundung, und so erst recht jede ganze – damals auch neu aufkommende – *syndromé,* jedes ganze „Syndrom“, wörtlich: jeder „Zusammenlauf“ solcher Symptome zu einem ausgeprägten Krankheitsbild. Alle diese derart vorübergehend „zugefallenen“ Symptome und alle diese wer weiss woher „zusammengelaufenen“ Syndrome sollten doch wohl *per definitionem* von dem so befallenen Kranken über kurz oder lang wieder abfallen und sich wer weiss wohin wieder verlaufen!

Toleranz

Man soll ja, so heisst es, nicht neuen Wein in alte Schläuche füllen. Für den wirklichen Wein und die wirklichen „Schläuche", diese Schaf- und Ziegenhäute, und für manches andere mag das gelten; für die Wörter gilt das Umgekehrte: Da macht der neue Wein die alten Schläuche jeweils wieder jung.

Die „Toleranz" ist solch ein alter, wundersam verjüngter Schlauch. Der Ausgang „-anz" weist aufs Lateinische; da finden wir im Lexikon eine zuerst bei Cicero belegte und wohl von ihm neu geprägte *tolerantia* samt ihrer Negation, der *intolerantia,* eine Ableitung des seit Plautus und Terenz geläufigen Verbs *tolerare,* „ertragen, erdulden", und seines Partizips Präsens Aktiv *tolerans* mit dem Genitiv *tolerantis.* Aber diese Ciceronische *tolerantia* bezeichnete in der Antike wie ihr Grundwort *tolerare* noch keineswegs eine mitmenschliche „Toleranz" gegenüber dem Andersdenkenden, Andersgläubigen, wie wir sie verstehen, sondern vielmehr eine Art „Leidens-Toleranz", eine persönliche „Belastbarkeit" gegenüber allen möglichen körperlichen und seelischen Belastungen.

Und das ganz buchstäblich: Gleich hinter dem Wörternest *tolerare, tolerans, tolerantia* stossen wir im Lexikon auf das andere Verb *tollere,* das alledem zugrunde liegt, mit der geläufigen Bedeutung „etwas vom Boden aufheben, in die Höhe heben", und in poetischer Sprache begegnet das davon abgeleitete *tolerare* mehrfach noch in seiner handfesten Grundbedeutung „eine Last aushalten, einer Last standhalten". Ein Römer der Ciceronischen Zeit mochte diese *tolerantia* durchaus noch in dem bildlichen Sinne solcher „Tragfähigkeit" verstehen, und so bleiben wir ganz im Bild, wenn wir diese klassisch-lateinische *tolerantia* mit dem modernen technischen Terminus der „Belastbarkeit" verdolmetschen. In medizinischen und psychologischen Fachbegriffen wie der eben noch verträglichen „Toleranzdosis", der „Toleranzgrenze" und der sie markierenden „Toleranzschwelle" oder der „Frustrationstoleranz" klingt diese alte Bedeutung noch durch.

Erst in der Neuzeit hat sich die Bedeutung des Wortes, ja des ganzen Wörternestes von dieser persönlichen physischen und psychischen „Belastbarkeit" zur mitmenschlichen „Toleranz" gegenüber dem Andersdenkenden und Anderssprechenden, Andersgläubigen und Anderslebenden verschoben. Die ersten Jahrgänge des neuen Weins, der nun in die alten Schläuche floss, sind im 16. und 17. Jahrhundert unter dem Zeichen der Religionskriege und schliesslich des Konfessionsfriedens herangereift; man denke da etwa an das so genannte „Toleranz-Edikt" von Nantes, mit dem Heinrich IV. den französischen Reformierten 1598 weitgehende Religionsfreiheit gewährte. Jüngere, köstliche Jahrgänge sind im 18. und 19. Jahrhundert unter dem Zeichen der Aufklärung und der allgemeinen Demokratisierung und Liberalisierung der gesellschaftlichen Verhältnisse nachgewachsen; um die Mitte des 18. Jahrhunderts ist die beiläufige Randnotiz Friedrichs des Grossen, in seinem Staate könne jedermann „nach seiner Façon selig werden", zum geflügelten Leitwort dieser neuen – nicht nur religiösen – Toleranz geworden.

Der jüngste Wein im alten Schlauch trägt die kunterbunte Multikulti-Etikette; in der multikulturellen Gegenwartsgesellschaft rangiert die Toleranz wie selbstverständlich gleich hinter Freiheit und Gleichheit, auf einer Stufe mit der alten Brüderlichkeit und der neuen Solidarität. Ein durchaus berauschender Millenniumswein, diese neue „Toleranz"; aber der zweitausendjährige Schlauch, jene alte *tolerantia,* weiss noch zu berichten, welche buchstäbliche „Belastung" der Eine für den Anderen und umgekehrt wieder dieser Andere für den Einen bedeuten kann und welcher buchstäblichen „Belastbarkeit" es zuweilen bedarf, diesen Anderen und dieses Andere neben sich zu „tolerieren".

Utopie

George Orwells Stichjahr „Nineteen-eighty-four" ist längst passé; unter dem Zeichen der Jahrtausendwende projizieren wir unsere Schreckensvisionen und Zukunftsutopien weit in das neue Jahrtausend hinein. Aber die „Utopie" selbst kennt kein Hier und Dort, kein Früher und Später: Sie ist ortlos und zeitlos. Das Wort ist aus dem Altgriechischen entlehnt und steht doch in keinem altgriechischen Lexikon. Ein Engländer hat es geprägt, doch weder auf griechisch noch auf englisch, sondern auf lateinisch. Einen grossen Unterschied macht das freilich nicht: *utopia* lautet das Wort wie im Lateinischen so auch im Englischen; im Französischen ist daraus eine *utopie,* bei uns eine „Utopie" geworden.

Im Jahre 1516 veröffentlichte der grosse englische Staatsmann und Humanist Thomas More, latinisiert Thomas Morus, die erste „Utopie", die allen folgenden Utopien – und das waren viele – den Namen geben sollte und übrigens bis heute so amüsant wie aktuell zu lesen ist; er gab seinem lateinisch geschriebenen Werk den Titel *„De optimo rei publicae statu deque nova insula Utopia",* zu deutsch: „Über die beste Staatsverfassung und die neuentdeckte Insel Utopia".

Den Namen dieser „neuen Insel" seiner Träume hatte der Humanist ganz und gar aus der Luft gegriffen, und in der Luft lag damals, auf der Höhe der Renaissance und des Humanismus, das Griechische. *Utopia* ist aus zwei griechischen Wörtern zusammengesetzt: aus der Negation *u,* „nicht", und aus dem Substantiv *tópos,* „Ort", das uns auch als rhetorischer oder literarischer „Topos" oder in Zusammensetzungen wie der geographischen „Topographie", der mathematischen „Topologie" oder dem biologischen „Biotop" begegnet: Thomas Morus berichtet in seiner politischen Utopie von einem Nicht-Ort „Nirgendwo". Dem gelehrten Humanisten war natürlich bewusst, dass dieses negierende *u,* „nicht", im Griechischen keineswegs als Kopfstück eines Kompositums dienen konnte und dass das klassische Griechisch eine derart zusammengesetzte „Utopie" gewiss niemals hätte bilden können; aber warum sollte eine politische Utopie nicht auch eine sprachliche Utopie zum Titel haben?

Ein Wort gibt das andere: Einmal in der Wörterwerkstatt, einmal beim Wörterprägen, stellt Thomas Morus dem frischgeprägten Namen der Insel *Utopia* gleich noch den ebenso prägefrischen Ehrentitel *Eutopia* zur Seite. Das griechische Adverb *eu,* „gut, wohl", erscheint im Griechischen vielfach als ein solches Kopfstück; wir kennen es aus Zusammensetzungen wie der „Eucharistie", der „Euphorie", der „Eurhythmie" oder dem zum Trost der Gestressten jüngst erfundenen „Eustress"; mit Europa und seiner EU hat dieses *eu* hingegen nichts zu schaffen. *Eutopia* bedeutet soviel wie „Guter Ort, Glücksort"; für Thomas Morus ist der Nicht-Ort *Utopia* zugleich der Glücks-Ort *Eutopia.*

Das Wechselspiel zwischen diesem „Nicht-Ort" und diesem „Glücks-Ort" hat seinen besonderen Reiz darin, das die Worte *Utopia* und *Eutopia* im Englischen ganz gleich ausgesprochen werden; so klingt das Epigramm, das Thomas Morus seinem Werk voranstellt, gehört statt gelesen einigermassen verwirrend: *„Wherefore not Utopie, but rather rightely / My name is Eutopie: place of felicitie",* „Darum nicht Utopie, nein, mit noch bessrem Recht / Nenn' ich mich Eutopie: Ort der Glückseligkeit." *„Utopie"* und *„Eutopie",* „Nicht-Ort" und „Glücksort", fallen da in eins zusammen. Wer weiss: Ist das nach den Regeln der Kunst gebildete Kompositum *Eutopia* in der humanistischen Münzstätte dieses Thomas Morus vielleicht gar als Erstes aus dem Prägestock gesprungen, und hat dann erst der reizvolle Gleichklang, der dem englischen Münzmeister da ins Ohr fallen mochte, zu der buchstäblich utopischen Nachprägung dieses *Utopia* verlockt?

Virus

Der Virus oder das Virus? Da haben wir's: Mittlerweile infizieren diese üblen Biester nicht nur unseren Rachen, sondern auch noch unsere Sprache. Im Lateinischen ist der Fall klar: Da gehört das Wort zwar zu derselben Deklination regelmässig männlicher Substantive auf *-us* wie ein Lucius Lucullus, der Terminus technicus oder der Circulus vitiosus, ist aber ausnahmsweise sächlichen Geschlechts. Kein Wunder, dass die Regel sich hier gegen die Ausnahme durchgesetzt hat, und nicht nur in diesem Fall: Im Büro-Center ist aus dem sächlichen *corpus,* „Körper", ja auch ein männlicher Schreibtisch-„Korpus", im Garten-Center aus der weiblichen *humus,* dieser fruchtbaren Muttererde, ja auch ein männlicher „Humus" geworden. Da muss eine wohl schon Venus heissen und so unverkennbar weiblich wie die Venus von Milo oder Venus Williams sein, um ihr Geschlecht gegen diese grammatische Gleichschalterei zu behaupten.

Im klassischen Latein bezeichnet dieses *virus* einen giftigen Schleim oder Saft, etwa ein Schlangengift oder einen Schierlingssaft. Wo Vergil in seinen „Georgica" von der Verkehrung der paradiesischen Goldenen Zeit in die gegenwärtige Eiserne Zeit spricht, nennt er als erstes Zeichen des neuen Weltalters das *„malum virus"*, den „üblen Giftsaft", den Jupiter den schwarzen Schlangen eingegeben habe. Etwas später lässt Ovid in seinen „Metamorphosen" die Zauberin Circe ein *„nocens virus"*, einen zauberkräftigen „verderblichen Giftschleim" versprengen, die Gefährten des mythischen Königs Picus in allerlei wildes Waldgetier zu verwandeln. Und dazu fügt sich gut, wenn der ältere Plinius in seiner enzyklopädischen „Naturgeschichte" beiläufig ein *„amatorium virus"* erwähnt, ein „Liebesgift" oder einen „Liebestrank", der sich nach verbreitetem Aberglauben aus einem Haarbüschel von einer Wolfsrute gewinnen lasse. (Für alle, die's probieren wollen: Es funktioniert nur, wenn der Liebende dieses Haarbüschel wider alles Zähnefletschen drüben und Zähneklappern hüben einem quicklebendigen Wolf aus dem Schwanz gezupft hat.)

Schlangengift und Schierlingsgift, Zaubersaft und Liebestrank: Es ist allemal ein übles Zeug gewesen, das die klassische Antike unter dem Namen dieses *virus* verspritzt hat. Zu seiner modernen Bedeutung ist das Wort erst gegen Ende des 19. Jahrhunderts gekommen, als die Forschung jenseits der Bakterien oder Bazillen, dieser griechischen oder lateinischen „Stäbchen", erstmals kleinsten, unsichtbaren Krankheitserregern auf die Spur kam – 1892 dem Erreger der Tabakmosaikkrankheit, 1898 dem Erreger der Maul- und Klauenseuche –, die sich unbeschadet durch feinste, selbst bakteriendichte Filter filtrieren liessen. Da lag es nahe, diesen zunächst rätselhaften, scheinbar irgendwie liquiden infektiösen Unheilsträgern erst einmal den alten Namen dieses üblen *virus* anzuhängen, und bei diesem „Giftsaft" ist es dann geblieben, auch nachdem die so benannten Viren unter dem Elektronenmikroskop ihre kugelförmige oder quaderförmige, fadenförmige oder geschwänzte Vielfalt offenbarten.

Aber wie sollen wir's nun mit der Geschlechterfrage halten? Seien wir da nicht allzu pingelig; die Sprache ist allemal im Fluss. Selbst der Name der Venus, dieser weiblichsten aller weiblichen Götter, mit dem Genitiv *Veneris* und der Ursprungsbedeutung „Liebreiz" ist ja einmal ein Neutrum gewesen wie das vorher zitierte *corpus* mit dem Genitiv *corporis*. „*Das* Virus", so will es der Duden, „ausserhalb der Fachsprache auch: *der* Virus". Aber wie hält es der Arzt mit seinen Patienten, und wie der eine Laie, der fliessend lateinisch parliert, mit dem anderen Laien, dem Cicero Hekuba ist? Da ist schwer zu raten: Der Lateinmuffel, der als erster dem Gehege seiner Zähne einen männlichen Virus entfliehen liess, hat gewiss einmal den herben Vorwurf schandbaren Bildungsmangels auf sich gezogen; den Ciceronianer, der als letzter mit der Hand auf dem lateinischen Schulwörterbuch unbeirrbar auf sein sächliches Virus schwört, wird gewiss einmal der herbe Vorwurf schandbaren Bildungsdünkels treffen. Inzwischen behelfe man sich mit dem Virus im Dativ, das ist eine sichere Kiste.

Weltraumspaziergang

„... Die Endeavour-Astronauten Carlos Noriega und Joe Tanner werden nun noch einen zweiten Weltraumspaziergang unternehmen, um die Sonnensegel an den Stromkreislauf der International Space Station (ISS) anzuschliessen ...“, so lautete eine Agenturmeldung just um die Jahrtausendwende. Aber aber, mokierte sich da ein pingeliger Sprachkritiker, solch ein Ausflug vor die Ausstiegsluke der ISS sei ja nun wirklich alles andere als ein „Spaziergang“. Richtig, richtig, aber sprachlich sind der englische *space walk* und unser „Weltraumspaziergang“ ganz unverkennbar nahe Verwandte – irritierend nur, dass wir da *space* mit „Weltraum“ und erst das zweite Wort *walk* mit „Spaziergang“ übersetzen ...

Englisch *space* und deutsch „spazieren, Spaziergang“ sind gleichen Ursprungs; dahinter steht das lateinische *spatium,* „Strecke, Erstreckung, Raum“. Ursprünglich bezeichnete das Wort eine Wettkampfstrecke, die gerade Bahn eines Wettlaufs oder die „Runde“ eines Wagenrennens, und so auch die Umlaufbahnen, auf denen die Planeten sozusagen um die Wette laufen. Doch schon im klassischen Latein, in Ciceronischer Zeit, kam es zu einer Ausweitung der Bedeutung, zunächst auf irgendeine zu durchlaufende Wegstrecke oder Zeitspanne, schliesslich überhaupt auf irgendeine Erstreckung in Raum oder Zeit.

Im 1. Jahrhundert v. Chr. hat der römische Epikureer Lukrez in seinem Lehrgedicht „De rerum natura“ das Wort zunächst auf das Demokritische, atomistische „Leere“ bezogen, das den „Körpern“ Raum und Spielraum zur Bewegung gibt, und in der Folge erstmals auch auf den unendlich gedachten Weltraum: *„Spatium summai totius omne“* heisst da die schwergewichtige Wendung: „der ganze Raum des gesamten Alls“. In der Antike ist der Bezug des *spatium* auf die Leere und Weite des Weltalls vereinzelt geblieben; doch aus diesem zukunftsträchtigen Wortgebrauch ist später das englische *space* im Sinne des „Weltraums" und im Deutschen ebendieser Welt-„Raum" hervorgegangen.

Und der „Spaziergang"? Der hat nichts mit diesen kühnen Lukrezischen Höhenflügen zu tun; da haben wir wieder einen festen oder auch einen bequemen lockeren Boden unter den Füssen, nämlich das *spatium* im Sinne einer abgemessenen „Wegstrecke", die hier anfängt und da endet – wenn man dieses Ende nicht gleich wieder zum Anfang macht. Was den Heutigen das Jogging und Walking, das war den Römern das *spatiari,* das entsprechend abgemessene Auf-und-Ab-Schreiten, Auf-und-Ab-„Spazieren". In der Stadt war es vielleicht eine öffentliche Säulenhalle, auf dem Landgut vielleicht eine Zypressenallee, die dazu das rechte Mass boten: zwölf Längen auf der ersten, vier Längen auf der zweiten ...

Als einen „Gang zur Erholung, zum Vergnügen" will der „Grosse Duden" den „Spaziergang" verstanden wissen. Zwischen dem Weltraumspaziergang vor die Haustür der International Space Station und einem beschaulichen Sonntagsspaziergang ins Grüne liegt in der Tat, und das meinte jener eingangs zitierte Sprachkritikaster ja wohl, ein beträchtliches „Spatium". Doch gerade in diesen *space walks,* diesen „Weltraumspaziergängen" der amerikanischen Astronauten, der russischen Kosmonauten und *last not least* der französischen „Spationauten" kommen der himmlische und der irdische Bedeutungsspross dieser wahrhaft raumgreifenden Wortgeschichte wieder zusammen. Nach alledem scheint es ja gar nicht mehr so verwunderlich, dass sich für den englischen *space walk* die so hübsch anklingende Lehnübersetzung „Weltraumspaziergang" eingebürgert hat. Kein Zweifel, dass das erste Wort *space* da mit „Weltraum" und das zweite Wort *walk* da mit „Spaziergang" verdolmetscht ist, aber doch auch kaum ein Zweifel, dass hier der englische Vetter *space* seinen deutschen Vetter „Spaziergang" für diesen *walk* empfohlen hat!

Zukunft

„Advent“ und „Zukunft“ scheinen auf den ersten Blick so weit voneinander wie A und Z im Alphabet. Und doch ist die „Zukunft“, eschatologisch wie etymologisch durchaus stimmig, aus dem „Advent“ hervorgegangen. Wir müssen hier also zunächst einmal kräftig zurückbuchstabieren: von der „Zukunft“ zum „Advent“.

Was „Advent“ bedeutet, das pfeifen jeweils in den Adventswochen die Spatzen von allen Kirchendächern: Dahinter steht das lateinische Substantiv *adventus* mit dem Genitiv *adventūs,* „Ankunft“, eine Ableitung des Verbs *advenire,* „ankommen“: Der „Advent“ deutet auf die Ankunft Christi. Beim Übergang ins Deutsche ist da wie bei all diesen Substantiven auf kurz *-us* mit dem Genitiv auf lang *-ūs* einzig dieser lateinische Ausgang verloren gegangen; nahe Gegenstücke sind etwa der „Konvent“, die „Zusammenkunft“ eines Mönchs- oder eines Lehrerkollegiums, und der „Event“, eigentlich das glückliche oder unglückliche „Herauskommen“ eines ungewissen Unternehmens.

Im Lateinischen kann der *adventus* jegliche Ankunft jeglichen Ankömmlings bezeichnen. Doch schon früh gewinnt das Wort auch kultische Bedeutung: Bei dem Kirchenvater Tertullian um die Wende vom 2. zum 3. Jahrhundert n. Chr. erscheint der *adventus* als die lateinische Entsprechung für die neutestamentliche griechische *parusía,* wörtlich: das „Gegenwärtig-Sein“ Gottes, und ein Festkalender aus dem Jahr 354 n. Chr. verzeichnet die Jahrestage dreier Rombesuche Kaiser Konstantins mit dem Eintrag *„Adventus Divi Constantini“,* „Epiphanie des vergöttlichten Konstantin“. Die Vierzahl der Adventssonntage zur *„praeparatio adventus Domini“*, zur „Vorbereitung auf die Ankunft des Herrn“, ist erstmals im 6. Jahrhundert und zunächst für den italischen Raum bezeugt.

Die weitere Geschichte des Wortes ist ausgesprochen zukunftsträchtig: Im frühen Mittelalter ist aus dem mittellateinischen *adventus* in einer genauen Lehnübersetzung eine althochdeutsche *zuochumft* und eine mittelhochdeutsche *zuokunft* hervorgegangen, zunächst noch in der ursprünglichen allgemeinen Bedeutung der „Ankunft" eines Boten oder eines Heeres. Erst im späten Mittelalter hat diese *zuokunft* ihre Bedeutung allmählich vom Räumlichen zum Zeitlichen, von der „Ankunft" zur „Zukunft" verschoben; an deren Stelle ist in der frühen Neuzeit eine weitere, nicht minder genaue Lehnübersetzung jenes *adventus,* eben diese vergleichsweise junge „Ankunft", nachgerückt. Mit ihr ist das lateinische Wort nun insgesamt dreimal, zunächst im spätantiken „Advent", sodann in der mittelalterlichen „Zukunft" und schliesslich in der neuzeitlichen „Ankunft", im Deutschen angekommen. Zum grammatischen Terminus technicus anstelle des lateinischen *(tempus) futurum,* der „zukünftigen Zeit", ist die „Zukunft" erst im Laufe des 17. und 18. Jahrhunderts geworden.

Und nun wird's vollends abenteuerlich: Aus einem Partizip jenes *advenire* in ebenjener grammatischen Zukunft und in einem kollektiven Plural Neutrum, lateinisch *adventura,* auf deutsch „die Dinge, die da kommen sollen", ist im Mittelalter zunächst eine mittellateinische *adventura,* dann eine französische *aventure* und ein englisches *adventure,* darauf eine mittelhochdeutsche ritterliche *aventiure* und schliesslich unser neuhochdeutsches „Abenteuer" geworden. Ein Abenteuer: das ist das, was da immer neu auf einen zukommt; ein Abenteurer: das ist der, der's sozusagen professionell mit dieser Zukunft aufnimmt.

Und schliesslich hat das alte Wort uns noch die breite Zufahrtsstrasse ausgeschildert, die den von Weltstadt zu Weltstadt rotierenden Touristen in Paris in der Opéra, in New York im Metropolitan Museum, in Madrid im Prado ankommen lässt: In jeder französischen *avenue,* jeder englischen *avenue,* jeder spanischen *avenida* klingt für einen reiselustigen Städteeroberer, der nicht nur Füsse hat zu laufen, sondern auch Ohren zu hören, ein wenig „Ankunft", ein wenig „Zukunft" und ein wenig „Abenteuer" mit.

Etymologische Nachschlagewerke

Erste Auskunft über etymologische Fragen geben für die deutsche, die griechische und die lateinische Sprache die folgenden Standardwerke:

Der Duden in 12 Bänden, Band 7: Das Herkunftswörterbuch. Etymologie der deutschen Sprache. 3., völlig neu bearbeitete und erweiterte Auflage, herausgegeben von der Dudenredaktion, redaktionelle Bearbeitung: Anette Auberle und Annette Klosa, Mannheim, Leipzig, Wien, Zürich 2001.

Friedrich Kluge, Etymologisches Wörterbuch der deutschen Sprache, bearbeitet von Elmar Seebold. 24., durchgesehene und erweiterte Auflage, Berlin, New York 2002.

Etymologisches Wörterbuch des Deutschen, erarbeitet unter der Leitung von Wolfgang Pfeifer. 2. Auflage, Berlin 1993, Taschenbuchausgabe: 6. Auflage, München 2003.

Hjalmar Frisk, Griechisches etymologisches Wörterbuch, 3 Bände. Heidelberg, Band I: 2. Auflage 1973, Band II: 3. Auflage 1991, Band III: 2. Auflage 1979.

A. Ernout / A. Meillet, Dictionnaire étymologique de la langue Latine. Histoire des mots. Quatrième édition par Jacques André. Paris 1985.

A. Walde / J. B. Hofmann, Lateinisches etymologisches Wörterbuch, 3 Bände. Heidelberg, Band I und II: 5. Auflage 1982, Band III: 4. Auflage 1965

Einen Überblick über lateinisch-, griechisch- und arabischstämmige Wörter in der deutschen Alltagssprache vermitteln neben den allgemeinen Fremdwörterlexika:

Bernhard Kytzler / Lutz Redemund, Unser tägliches Latein. Lexikon des lateinischen Spracherbes. 6., überarbeitete Auflage, Mainz 2002.

Bernhard Kytzler / Lutz Redemund / Nikolaus Eberl, Unser tägliches Griechisch. Lexikon des altgriechischen Spracherbes. 2. Auflage Mainz 2002.

Kleines Lexikon deutscher Wörter arabischer Herkunft, herausgegeben von Nabil Osman. 6. Auflage, München 2002.

Latein und Griechisch im deutschen Wortschatz. Lehn- und Fremdwörter altsprachlicher Herkunft, auf der Grundlage des lateinischen Grundwortschatzes „Lebendiges Latein“ von Friedrich Wolff und Alois Pögl neu entwickelt und überarbeitet von Otto Wittstock und Johannes Kauczor. 6. Auflage, Berlin 1990.

Franz Dornseiff, Die griechischen Wörter im Deutschen. Berlin 1950 (wertvolle Ergänzungen dazu bei Richard Harder, Griechische Wörter im Deutschen, in: Kleine Schriften, München 1960, Seite 462-465).
Paul Gessler, Griechische Fremd- und Lehnwörter im Deutschen. Riehen/Basel 1967.

Register

Neben den 77 Titel-Wörtern dieser „Wortgeschichten" verzeichnet das Register zahlreiche weitere Wörter, die um ihrer Sprachverwandtschaft oder eines anderen Bezuges willen im Text – oft nur im Vorübergehen – angesprochen werden.

In drei früher erschienenen Sammelbänden sind die folgenden jeweils 77 Wortgeschichten enthalten:

„Wie Berenike auf die Vernissage kam“ (3. Auflage 2004):

Akademiker – Amethyst – Ampel – Arzt – Asphalt und Beton – Atelier – Automat – Bilanz – Bits und Bytes – Bürokratie – Charakter – Charme und charm – Clown – Code – Computer – Diamant – Digital – Diskette – Dosis – Ecu – Elektronisch – Embargo – Energie – Esoterik – Euro- – Fachidiot und Laie – Fax – Finanzen – Frenetischer Beifall – Frugal – Gastronomie – Giro – Herzinfarkt – Industrie – Information – Kader – Kanal – Kanzler – Karat, Talent, Skrupel – Karikatur – Kassette – Kater – Kontamination – Kosmos und Kosmetik – Kran – Krater – Leitfaden – Mappe – Maschine – Ökumene – Palaver – Paragraph – Penicillin – Pilot und Pirat – Porzellan – Profil – Protokoll – Rakete – Rekord – Schule – Sport – Stadion – Statistik – Strolch – Symbol – Sympathie – Takt – Techno – Tempo – Termin – Themen, Thesen, Infotheken – Theorie – Tourist – Uran – Vernissage – Zoll – Zyniker

„Wie der Steuermann im Cyberspace landete“ (1998):

Affäre und Skandal – Agenda – Amateur und Dilettant – Amüsement – Anekdote – Auto – Autorität – Belletristik – Bikini – Börse und Bursche – Bravo! – Castor – Chance – Cyberspace – Demokratie – Diner – Dinosaurier – Direktor – Droge – Effizienz – Eventuell – Experte – Fasten, Fest- und Feiertage – Glas – Gratis – Grill – Grippe – Grotesk – His story – Hybrid – Individuum – Infotainment – Installation – Investition – Kalender – Katastrophe – Kavalier – Klischee – Klonen – Kolumne – Kompost – Kontakt – Kostüm – Kritik – Labor – Manager – Mobbing – Multimedia – Nano- – Panik – Pauschal – Pause – Pavillon – Pedant – Philologie – Pille – Proaktiv – Profit und Defizit – Proliferation – Prominent – Qualifikation – Quote – Radar – Raffiniert – Rap – Rivalen – Sekretär und Sekretärin – Service – Skizze und Stegreif – Spargel – Sparte – Stil – Symposion – Synergie – Tresor – Visionen – Zins

„Wie die Murmeltiere murmeln lernten“ (2001)

Absolut – Affekt – Aktualität – Alles klar! – Ano(r)mal – Ball – Bank – Bio- – Boulevard – Brief – Brutal – Condicio sine qua non – Creme – Design – Dialog – Drama – Drastisch –

Engel – Examen – Finale – Fonds – Golf – Helikopter – Horizonte – Instanz – Instinkt – Interesse – Isolieren – Kabinett – Kabrio – Kapital – Karriere – Kategorie – Katheder – Koketterie – Kolportage – Kompliment – Konsortium – Kosten – Kredit – Lakonisch und lapidar – Literatur – Makkaroni – Meditation – Millennium – Mode – Modern – Murmeltier und Schmetterling – Ökosteuer – Orientierung – Panzer – Perle – Person – Philotechnie – Pilger – Pionier – Plutonium – Post(h)um – Privat – Profi – Radikale – Rezept – Saison – Sanktionen – Spendenaffäre – Stentorstimme – Stipendium – Stoische Ruhe – Subventionen – Teint – Terawattstunde – Text – Trophäe – Trumpf – virtuell – Weiher – Zentrum